银行集团并表管理与监管问题研究

The Research on Consolidated Management and
Supervision of Banking Groups

毛竹青 著

经济管理出版社
ECONOMY & MANAGEMENT PUBLISHING HOUSE

图书在版编目（CIP）数据

银行集团并表管理与监管问题研究/毛竹青著. —北京：经济管理出版社，2015.11
ISBN 978-7-5096-4043-2

Ⅰ.①银…　Ⅱ.①毛…　Ⅲ.①银行监管—研究—中国　Ⅳ.①F832.1

中国版本图书馆 CIP 数据核字（2015）第 268072 号

组稿编辑：宋　娜
责任编辑：胡　茜
责任印制：黄章平
责任校对：车立佳

出版发行：经济管理出版社
　　　　　（北京市海淀区北蜂窝 8 号中雅大厦 A 座 11 层 100038）
网　　　址：www.E-mp.com.cn
电　　　话：（010）51915602
印　　　刷：三河市延风印装有限公司
经　　　销：新华书店
开　　　本：720mm×1000mm/16
印　　　张：12.75
字　　　数：138 千字
版　　　次：2015 年 12 月第 1 版　　2015 年 12 月第 1 次印刷
书　　　号：ISBN 978-7-5096-4043-2
定　　　价：88.00 元

第四批《中国社会科学博士后文库》编委会及编辑部成员名单

（一）编委会

主　任：张　江

副主任：马　援　张冠梓　俞家栋　夏文峰

秘书长：张国春　邱春雷　刘连军

成　员（按姓氏笔画排序）：

卜宪群　方　勇　王　巍　王利明　王国刚　王建朗　邓纯东

史　丹　刘　伟　刘丹青　孙壮志　朱光磊　吴白乙　吴振武

张车伟　张世贤　张宇燕　张伯里　张星星　张顺洪　李　平

李　林　李　薇　李永全　李汉林　李向阳　李国强　杨　光

杨　忠　陆建德　陈众议　陈泽宪　陈春声　卓新平　房　宁

罗卫东　郑秉文　赵天晓　赵剑英　高培勇　曹卫东　曹宏举

黄　平　朝戈金　谢地坤　谢红星　谢寿光　谢维和　裴长洪

潘家华　冀祥德　魏后凯

（二）编辑部 （按姓氏笔画排序）：

主　任：张国春（兼）

副主任：刘丹华　曲建君　李晓琳　陈　颖　薛万里

成　员（按姓氏笔画排序）：

王　芳　王　琪　刘　杰　孙大伟　宋　娜　苑淑娅　姚冬梅

郝　丽　梅　枚　章　瑾

序　言

2015 年是我国实施博士后制度 30 周年，也是我国哲学社会科学领域实施博士后制度的第 23 个年头。

30 年来，在党中央国务院的正确领导下，我国博士后事业在探索中不断开拓前进，取得了非常显著的工作成绩。博士后制度的实施，培养出了一大批精力充沛、思维活跃、问题意识敏锐、学术功底扎实的高层次人才。目前，博士后群体已成为国家创新型人才中的一支骨干力量，为经济社会发展和科学技术进步作出了独特贡献。在哲学社会科学领域实施博士后制度，已成为培养各学科领域高端后备人才的重要途径，对于加强哲学社会科学人才队伍建设、繁荣发展哲学社会科学事业发挥了重要作用。20 多年来，一批又一批博士后成为我国哲学社会科学研究和教学单位的骨干人才和领军人物。

中国社会科学院作为党中央直接领导的国家哲学社会科学研究机构，在社会科学博士后工作方面承担着特殊责任，理应走在全国前列。为充分展示我国哲学社会科学领域博士后工作成果，推动中国博士后事业进一步繁荣发展，中国社会科学院和全国博士后管理委员会在 2012 年推出了《中国社会科学博士后文库》（以下简称《文库》），迄今已出版四批共 151 部博士后优秀著作。为支持《文库》的出版，中国社会科学院已累计投入资金 820 余万元，人力资源和社会保障部与中国博士后科学基金会累计投入 160 万元。实践证明，《文库》已成为集中、系统、全面反映我国哲学社会科学博士后优秀成果的高端学术平台，为调动哲学社会科学博士后的积极性和创造力、扩大哲学社会科学博士后的学术影响力和社会影响力发挥了重要作用。中国社会科学院和全国博士后管理委员会将共同努力，继续编辑出版好《文库》，进一步提高《文库》的学术水准和社会效益，使之成为学术出版界的知名品牌。

哲学社会科学是人类知识体系中不可或缺的重要组成部分，是人们认识世界、改造世界的重要工具，是推动历史发展和社会进步的重要力量。建设中国特色社会主义的伟大事业，离不开以马克思主义为指导的哲学社会科学的繁荣发展。而哲学社会科学的繁荣发展关键在人，在人才，在一批又一批具有深厚知识基础和较强创新能力的高层次人才。广大哲学社会科学博士后要充分认识到自身所肩负的责任和使命，通过自己扎扎实实的创造性工作，努力成为国家创新型人才中名副其实的一支骨干力量。为此，必须做到：

第一，始终坚持正确的政治方向和学术导向。马克思主义是科学的世界观和方法论，是当代中国的主流意识形态，是我们立党立国的根本指导思想，也是我国哲学社会科学的灵魂所在。哲学社会科学博士后要自觉担负起巩固和发展马克思主义指导地位的神圣使命，把马克思主义的立场、观点、方法贯穿到具体的研究工作中，用发展着的马克思主义指导哲学社会科学。要认真学习马克思主义基本原理、中国特色社会主义理论体系和习近平总书记系列重要讲话精神，在思想上、政治上、行动上与党中央保持高度一致。在涉及党的基本理论、基本路线和重大原则、重要方针政策问题上，要立场坚定、观点鲜明、态度坚决，积极传播正面声音，正确引领社会思潮。

第二，始终坚持站在党和人民立场上做学问。为什么人的问题，是马克思主义唯物史观的核心问题，是哲学社会科学研究的根本性、方向性、原则性问题。解决哲学社会科学为什么人的问题，说到底就是要解决哲学社会科学工作者为什么人从事学术研究的问题。哲学社会科学博士后要牢固树立人民至上的价值观、人民是真正英雄的历史观，始终把人民的根本利益放在首位，把拿出让党和人民满意的科研成果放在首位，坚持为人民做学问，做实学问、做好学问、做真学问，为人民拿笔杆子，为人民鼓与呼，为人民谋利益，切实发挥好党和人民事业的思想库作用。这是我国哲学社会科学工作者，包括广大哲学社会科学博士后的神圣职责，也是实现哲学社会科学价值的必然途径。

第三，始终坚持以党和国家关注的重大理论和现实问题为科研主攻方向。哲学社会科学只有在对时代问题、重大理论和现实问题的深入分析和探索中才能不断向前发展。哲学社会科学博士后要根据时代和实践发展要求，运用马克思主义这个望远镜和显微镜，增强辩证思维、创新思维能力，善于发现问题、分析问题，积极推动解决问题。要深入研究党和国家面临的一系列亟待回答和解决的重大理论和现实问题，经济社会发展中的全局性、前瞻性、战略性问题，干部群众普遍关注的热点、焦点、难点问题，以高质量的科学研究成果，更好地为党和国家的决策服务，为全面建成小康社会服务，为实现"两个一百年"奋斗目标和中华民族伟大复兴中国梦服务。

第四，始终坚持弘扬理论联系实际的优良学风。实践是理论研究的不竭源泉，是检验真理和价值的唯一标准。离开了实践，理论研究就成为无源之水、无本之木。哲学社会科学研究只有同经济社会发展的要求、丰富多彩的生活和人民群众的实践紧密结合起来，才能具有强大的生命力，才能实现自身的社会价值。哲学社会科学博士后要大力弘扬理论联系实际的优良学风，立足当代、立足国情，深入基层、深入群众，坚持从人民群众的生产和生活中，从人民群众建设中国特色社会主义的伟大实践中，汲取智慧和营养，把是否符合、是否有利于人民群众根本利益作为衡量和检验哲学社会科学研究工作的第一标准。要经常用人民群众这面镜子照照自己，匡正自己的人生追求和价值选择，校验自己的责任态度，衡量自己的职业精神。

第五，始终坚持推动理论体系和话语体系创新。党的十八届五中全会明确提出不断推进理论创新、制度创新、科技创新、文化创新等各方面创新的艰巨任务。必须充分认识到，推进理论创新、文化创新，哲学社会科学责无旁贷；推进制度创新、科技创新等各方面的创新，同样需要哲学社会科学提供有效的智力支撑。哲学社会科学博士后要努力推动学科体系、学术观点、科研方法创新，为构建中国特色、中国风格、中国气派的哲学社会科学创新体系作出贡献。要积极投身到党和国家创新洪流中去，深入开展探索性创新研究，不断向未知领域进军，勇攀学术高峰。要大力推进学术话语体系创新，力求厚积薄发、深入浅出、语言朴实、文风清新，力戒言之无物、故作高深、食洋不化、食古不化，不断增强我国学术话语体系的说服力、感染力、影响力。

"长风破浪会有时，直挂云帆济沧海。"当前，世界正处于前所未有的激烈变动之中，我国即将进入全面建成小康社会的决胜阶段。这既为哲学社会科学的繁荣发展提供了广阔空间，也为哲学社会科学界提供了大有作为的重要舞台。衷心希望广大哲学社会科学博士后能够自觉把自己的研究工作与党和人民的事业紧密联系在一起，把个人的前途命运与党和国家的前途命运紧密联系在一起，与时代共奋进、与国家共荣辱、与人民共呼吸，努力成为忠诚服务于党和人民事业、值得党和人民信赖的学问家。

是为序。

张江

中国社会科学院副院长

中国社会科学院博士后管理委员会主任

2015 年 12 月 1 日

摘　要

　　银行集团的并表管理是指银行集团母公司对其自身和附属机构的公司治理、资本和财务等进行全面持续的管控，并有效识别、计量、监测和控制集团的总体风险状况。银行集团并表监管是指银行业监管机构在单一法人监管的基础上，对银行集团的资本、财务以及风险进行全面和持续的监管，并识别、计量、监控和评估集团的总体风险状况。银行集团的并表管理和并表监管的主体分别为银行集团和银行业监管机构，其目的都是为了实现银行集团全面有效的公司治理、资本管理和风险管理等。

　　银行集团在经营管理过程中，不仅面临着单个银行存在的所有风险，而且由于其特殊的所有权结构和组织结构，还存在着集团内部资本重复计算、传染效应、利益冲突、规避监管等特殊的风险问题。这些都给银行集团的管理和监管带来了挑战。全球金融危机爆发以来，对综合经营的争论表明，银行集团是否有能力从事综合经营，取决于其能否妥善处理好业务扩张与管控能力、盈利能力之间的平衡。银行集团只有厘清风险的来源，合理设计内部公司治理、资本管理、风险管理等机制，并健全有效的外部监管体系，其综合经营的优势才能得以发挥。

　　本书分析了全球金融危机爆发后巴塞尔委员会、联合论坛等国际监管组织针对银行集团监管出台的相关规定，并在归纳梳理国际经验的基础上，对银行集团实施并表管理的具体内容及监管难点等问题进行了研究，主要包括公司治理、资本管理、并表风险管理、风险隔离四个方面的内容。其中，公司治理部分主要研究了银行集团如何通过完善集团治理架构和机制，引导子公司的经营行为符合集团发展战略要求，切实增强集团业务协同能力，以促进集团整体资源优化配置和经营绩效的提升等问题。资本管理部分主要分析了集团如何利用资本工具和资本管理技术提高资源的优化配置，以实现集团有效的资本管理和防止资本的重复计算等问题。风险管理部分主要研究了集团如何设定系统的风险管理框架和完善的专业风险管理技术，并依靠成熟的并表管理信息系统对各附属机构、各条线面临的风险进行识别、评估、控制、预警和有效管理等问题。风险隔离部分主要分析了集团如何通过厘清风险传染路径、设定风险隔离措施规范内部交易行为，以防范风险传染等问题。与此同时，在各个部分，本书还结合实际分析了我国银行集团并表管理与监管中存在的问题，提出了相关政策建议。

关键词：银行集团；并表管理与监管；风险

Abstract

Consolidated management means the banking group's parent company carries comprehensive and continuous controls on the group's corporate governance, capital and risks, and effectively identifies, measures, monitors and controls the group's risks. The consolidated supervision means the regulators comprehensively and continuously identify, measure, monitor and evaluate the risks of the group. The aim of consolidated management and supervision are both to realize effective corporate governances, capital managements and risk managements of the banking group.

Banking groups, due to their ownership and organizational structure, not only face to the same risks as a single bank does, but also to special and complex risks, such as double gearings, risk contagions and regulatory capital arbitrages, etc., which bring challenges to the management and supervision on banking groups.

This thesis introduces relevant supervisory reforms after the 2008 global financial crisis, and analyzes the challenges and difficulties in the supervision of banking group, especially in the corporate governance, capital management, risk management and risk contagion. The chapter on the corporate governance mainly studies how does the group improve its governance structure and mechanism, guide the subsidiary to match group's development strategy, strengthen the cooperation and promote the optimized resource allocation in the group. The chapter on the capital management mainly analyzes how does the group use capital instruments and capital management technologies to improve the optimized allocation of capital, and prevent the double or multiple gearing. The chapter on the risk management mainly studies how does the group set up risk management frameworks, and improve risk management technologies to identify, assess, control and effectively manage all sort of risks. The chapter on the risk contagion mainly analyze how does the group figure out the paths of risk contagions, set risk isolation mechanisms to regulate the intra-group transactions, and guard against the risk contagion. Furthermore, in each part, this thesis points out existing difficulties in the consolidated management and supervision on China's banking groups, and puts forward suggestions on enhancing the effectiveness of consolidated managements and supervisions on China's banking groups.

Key Words: Banking Groups; Consolidated Management and Supervision; Risks

目 录

Contents

第一章　引言

第一节　研究背景

一、银行集团的发展给金融监管带来的复杂性

金融体系具有对一国资金进行配置的重要功能，其制度变迁是一国提升金融竞争力的重要手段。纵观各国金融体系的变迁，全球主要经济体都不同程度地经历了由金融分业经营到综合经营交互变迁的发展过程。以美国为例，1929 年经济危机爆发后，美国社会主流观点认为，商业银行经营证券业务是造成危机的罪魁祸首，因此，美国国会于 1933 年出台了《格拉斯—斯蒂格尔法案》，对银行业与证券业进行分离，率先实行了金融业分业经营的制度。之后，日本、澳大利亚等国也跟随美国出台了一系列法规对金融业的综合经营加以限制。此时期，英国虽然没有限制金融业综合经营，但通过行业自律的方式使其国内银行业与证券业长期保持分离的状态；只有德国长期以来一直保持

全能银行的经营模式。

20 世纪 80 年代以来，第三次科技革命和金融创新带来了新一轮的金融业大发展。出于全球化竞争的需要，美国、英国等西方国家逐步放松了在法律和政策方面的管制，引导商业银行从分业经营向综合经营模式转变。例如，美国于 1999 年出台了《金融服务现代化法案》，为商业银行开展投行业务提供了法律依据；英国于 2000 年出台了《金融服务与市场法》，允许银行从事证券及其他投资；德国则继续保持全能银行的经营模式。上述国家的法律和政策允许金融业综合经营模式，为银行集团的形成和发展创造了条件，而银行集团的产生对其加强自身管理和外部监管等也提出了新的要求。

二、金融危机引发有关银行集团综合经营的争论

就在银行集团似乎要成为全球银行业发展大势所趋之时，2008 年爆发了全球金融危机。这场危机把银行集团综合经营的公司治理、资本管理和风险管理等问题，推到了银行业理论研究的前沿。

一方面，在银行集团业务多元化、金融市场创新不断加快的同时，集团日趋复杂的组织结构引发了内部机构之间风险的转移和传递，且集团全面参与跨市场特性的资产证券化产品的"发行—分销"流程，导致风险最终又循环回归至银行系统。在金融危机发生后，美国、英国、欧盟等的银行业监管机构均对银行的综合经营模式进行了深刻反思，开始限制金融机构的综合经营，并在传统零售银行业务与高风险的交易业务、投行业务之间设立了防火墙，以防范综合经营带来的风险。例如，美

国制定了限制银行从事自营交易，并规定银行不得发起、获取或持有对冲基金和私募股权基金的"沃尔克规则"；英国的"维克斯报告"提出了将零售银行与自营交易等高风险业务相隔离的建议；欧盟也发布了"利卡宁报告"，建议大型银行将可能影响金融稳定的自营和做市交易划入独立法人实体。这个时期，不仅各国监管机构对银行集团的综合经营做出了限制，而且一些银行集团也着手完善自身管理体制或拆分业务，以防范综合经营带来的风险。如全球金融危机发生后，花旗集团先后出售了旅行者集团、所罗门美邦公司；汇丰银行、巴克莱银行和苏格兰皇家银行也分拆、出售或整合了一些非核心的业务。

另一方面，尽管在全球金融危机中，一些综合化经营的大型银行集团遭受了一定损失，但由于其具有更加均衡的业务机构、更为稳定的资金来源、更为完备的风险控制能力，使得其与经营单一业务的银行相比，具有更强的抵抗外部冲击和迅速自我恢复的能力。例如，花旗、美国银行、摩根大通等银行集团在金融危机后不久就迅速扭亏为盈。相反，在金融危机中迅速倒闭的大多是杠杆率较高、规模较小、经营模式单一的投资银行机构，如美国五大投行中的雷曼兄弟、美林、贝尔斯登公司，以及一些中小银行。而且从全球范围来看，商业银行综合经营的大趋势并未发生根本改变，在防范金融风险交叉传染和利益冲突的同时，规模经济和业务协同效应仍然是商业银行进行综合经营的持久动力①。

全球金融危机中对银行集团综合经营的争论表明，银行集团

---

① 王兆星：《金融综合经营与分业监管变革——银行监管改革探索之五》，《中国金融》2014年第23期。

的风险抵御能力主要取决于其内部公司治理、资本管理和风险管理等制度是否完善以及外部监管是否有效，而与其是否选择了综合经营的模式等并无关联。因此，如何进一步加强银行集团自身的管理和监管成为了各国监管当局和银行业金融机构在危机后共同研究和探讨的问题。

三、我国金融业发展对加强银行集团并表管理和监管提出新的要求

我国对于银行综合经营的探索始于 20 世纪 80 年代初期。1984 年，中国人民银行曾派员赴美国、日本等国就专业化银行以及欧洲的综合性银行进行考察。当时，我国政府对金融业最关心的问题是研究如何把行政化的银行办成真正的商业银行，因而考察之后对于分业经营和综合经营等问题也没有做深入的研究。20 世纪八九十年代，我国银行、证券和信托业中发生的问题，使金融业综合经营的风险得到充分暴露，并直接导致了我国金融业"分业经营、分业管理"原则的确立。1995 年全国人大常委会颁布的《商业银行法》，正式明确了商业银行分业经营的原则。在这一原则下，我国商业银行长期以来均仅能从事传统的银行业务。直到 2005 年、2007 年、2008 年，国务院先后批准了商业银行开展投资基金管理公司、金融租赁公司、信托公司以及保险公司的试点工作，商业银行的综合化经营才开始有序推进。截至 2013 年 12 月末，我国共有 18 家商业银行投资设立了 14 家基金管理公司、15 家金融租赁公司、4 家信托公司、7 家保险公司、5 家投资银行和 3 家消费金融公司，银行集团的架构开始初步搭建。与此同时，中国银监会于 2008 年颁布

《银行并表监管指引（试行）》，于 2014 年修订发布《商业银行并表管理与监管指引》，从资本充足率、大额风险暴露、内部交易等方面对银行集团并表管理和并表监管提出了全面要求。

当前，我国银行集团综合化经营试点正在稳步推进，综合化经营的广度和深度不断拓展，这对银行集团提升综合金融服务能力起到了很好的促进作用，但银行集团的风险管控难度也大大增加。因此，如何落实《商业银行并表管理与监管指引》的相关要求，提升银行集团并表管理能力并加强对集团的并表监管，成为我国金融监管机构和银行集团都需要进一步探索和实践的课题。

第二节　银行集团的定义和特征

一、银行集团的定义

银行集团属于金融集团的范畴，是当代金融体制变革过程中适应经济全球化和金融综合化趋势而产生的新的组织形式。联合论坛①发布的 2012 年版《金融集团监管原则》对金融集团的定义是：在受监管的银行业、证券业或保险业中，实质性地从事至少两类金融业务，并对附属机构有控制力和重大影响的所

---

① 联合论坛成立于 1996 年，由巴塞尔银行监管委员会、国际证监会组织、国际保险监督官协会联合设立，致力于研究银行、证券、保险监管共同面临的问题和金融集团监管问题。

有集团公司，包括金融控股公司。根据该规定，结合业界实践，金融集团按照主业可分为三类：一是主营业务实体为银行，同时包括一个或多个保险公司或证券公司，即银行集团；二是主营业务实体为证券公司或保险公司，包括一个或多个银行及其他金融机构，即证券集团或保险集团；三是金融集团经营的银行、证券和保险业务较为均衡，没有主营业务实体。综上，主营业务实体是银行的金融集团即为银行集团，银行集团是金融集团的一种类型。如美国的花旗集团、摩根大通集团、美国银行，英国的汇丰集团，德国的德国商业银行，日本的三菱日联集团、瑞穗集团、三井住友集团等，都是全球知名的大型银行集团。

银行集团从组织结构来看，可以划分为三类：一是全能银行模式。全能银行是指将各类金融业务整合在单一银行机构内，即在单家银行机构内可以同时经营存贷款、证券、保险、投资管理、经纪等业务[1]，以德国的全能银行模式为典型代表。该银行集团的比较优势在于业务一体化，能够实现完全的信息共享，有利于范围经济和协同效应的实现。二是"母银行—异业子公司"模式。在这一模式下，母银行仅从事传统商业银行业务，而保险、证券等非银行业务需要通过控股子公司或附属公司来开展。该模式下的银行集团既可相对保护母银行不受子公司风险问题的影响，又可获得多样化经营的优势，但因业务非完全整合，其范围经济和协同效应程度相对较低。英国和我国的银

---

① Saunders A. and I. Walter, *Universal Banking in the US What Could We Gain? What Could We Lose?* N. Y.: Oxford University Press, 1994, p. 84.

行集团主要采取这种模式。三是银行控股公司模式。银行控股公司模式的组织结构在美国最为流行，它最初用于规避政府对设立分支机构的管理，之后发展成为一种常见的金融机构组织形式[①]。其特点为集团通过独立的控股公司拥有银行和非银行子公司，各子公司虽是相互独立的法人机构，但又都通过控股公司实现集团业务的一体化安排和产生相互影响。在这种模式下，银行与非银行机构成为平行组织，均受到控股公司的控制，控股公司虽统领全集团，但对各子公司的资本投资责任却是有限的。可见，这三种银行集团模式的组织结构，都是按照一体化的机构设置要求进行设计的，所不同的是它们在一体化程度上存在差别。其中，全能银行一体化程度最高，其完全整合的组织架构可以充分实现资本与信息共享，因而在成本方面最具优势，效率也可能最高，但集团体系内部的风险传染也是最迅速、最直接的。银行控股公司虽在资本和信息共享方面较全能银行有差距，但业务各自独立，因此集团内部机构之间的风险影响相对较小，且要求控股公司有很强的管理能力才能产生良好的协同效应。在"母银行—子公司"模式下，银行与非银行业务之间存在严格区分，起到了业务隔离的作用，但在非银行业务出现严重问题时，银行作为母公司仍然会受到影响。

综上所述，金融集团是指包括集团母银行或金融控股公司及其子公司、被控股公司、有实质性影响力的公司在内的整个集团公司。其中，母银行及其附属机构，以及以银行为主体的金融控股公司及其附属机构，均可称为银行集团，其属于金融集

---

① 张晓朴：《美国银行控股公司的监管实践、监管改革及其借鉴》，《国际金融研究》2009 年第 10 期。

团的一种。本书主要是对"母银行—异业子公司"类型的银行集团加以分析和讨论，因为该模式是我国银行集团综合经营的主要选择。

二、银行集团的风险特征

银行集团不仅面临着单个银行的所有风险，而且由于其选择的所有权结构和组织结构，还存在着一些特殊、复杂的风险，给银行集团的管理和监管带来了挑战。这些风险主要包括以下几个方面。

1. 风险传染

风险传染是指某一集团成员发生的经营事故，可能引发另一成员的流动性困难或大幅度影响后者的业务量。银行集团的业务涉及多个领域、利益涉及多个主体，风险会随着集团的关联交易相互传递，即出现风险传染。银行集团内部的风险传染是指集团内单个实体的清偿力、流动性或盈利性的危机对整个集团内部其他实体的影响。其风险传染途径主要有：一是集团内部日常关联交易导致风险传染。这种交易可能是明显的，包括贷款和投资等，也有可能是隐含的，如集团内部的担保和转移定价。二是集团成员破产救助导致风险传染。由于集团内各成员之间在财务上有一定联系，当一个集团成员陷入财务困难时，可能由于已有的资金往来而使其他集团成员被迫对其进行救助，从而引发其他成员的流动性困难。三是集团成员出现经营事故，导致整个集团面临声誉风险。由于社会公众对集团成员的业务关联情况认知不清，一个成员的经营事故容易导致公众对整个集团的信任危机。

2008 年爆发的全球金融危机显示出，正常时期相关度较低的业务在危机时表现出高度关联，从而表现为风险在金融集团内部、在不同业务之间迅速传染，利润损失波及面迅速扩大（如次级抵押贷款违约率上升，直接导致次级贷款抵押证券及其衍生品价格受挫，同时引发流动性紧缩，冲击所有固定收益类证券，导致信用收缩，拖累实体经济，并传导给权益类金融产品）。虽然在制度设计上，银行集团的子公司都是独立的法人，存在法人防火墙，但仍然很难保证当集团的一类业务遭受损失时，其他业务不受影响。以花旗集团为例，花旗集团是银行控股公司模式的银行集团，一直致力于打造多元化金融集团，采取了一些内部增长与海外扩张并进的激进策略，导致过快发展金融衍生工具等顺周期业务而疏于风险管理。2007 年金融危机发生后，花旗集团正是由于过度涉足高速成长的固定收益产品 CDO，导致投行部门、信贷部门遭受了严重损失，集团收益大幅下降[①]。可见，银行集团内部的各种股权关系、内部契约关系的存在，决定了经营性的风险容易在子公司与母公司、子公司与子公司之间传递。

2. 资本充足性风险

资本充足率是金融机构资本充足性的衡量指标，是金融机构资本净额与其风险加权资产总额的比例，代表了金融机构自身抵御流动性风险的能力，是衡量银行经营安全性的重要指标。在银行集团中，资本充足性的风险问题集中体现在以下三个方面：

一是银行集团母子公司间以及各子公司间存在资本重复计算

---

① 赖小民：《后危机时代金融控股公司模式选择研究》，中国金融出版社 2013 年版，第 27 页。

而导致集团层面资本充足性问题。在衡量资本充足性时，若不考虑银行集团的结构，当集团中每个法人实体均符合本行业法定资本要求时，集团整体的资本应当是充足的或符合集团法定资本要求的。但当集团内两个实体互相持有对方发行的资本金，或集团内一个实体持有另一个实体发行的股票或债券时，就会带来资本金的重复计算[①]问题。此时，经过去除杠杆效应的调整，集团的真实资本可能是不足的。

二是银行集团内部未受监管实体的资本不足而导致集团资本充足性问题。当银行集团内部存在未受监管实体时，若该实体将债务以权益资本形式转给其他附属机构，即存在超额杠杆的情形。而且如果集团中有一个资本不足的未受监管实体，即使其他附属机构均符合各自的法定资本要求，但就整体而言，集团资本仍是不足的，可能对其附属机构造成潜在的风险。

三是母公司将债务或下游利润转成股权而导致集团资本充足性问题。当母公司发行债务，并将资金以股权或其他监管资本形式注入附属实体时，该实体的实际杠杆可能大于单独计算时的杠杆。这种杠杆行为在一般公司财务上理解为杠杆收益，因此客观上这类杠杆不一定是不安全或不稳健的，但过度使用会构成潜在的风险。

3. 利益冲突

所谓利益冲突，是指在两个以上相互对立且合法的利益同时并存的情况下，行为主体基于优先利益的考量，决定选择其中一方的利益而回避或损害其他方的利益所产生的冲突。由于市

[①] 康华平：《商业银行综合经营及风险控制研究》，中国金融出版社 2012 年版，第 45 页。

场的不确定性，以及对于特定时间的不同看法，利益冲突的产生就不可避免。

对于银行集团而言，由于其实行综合化经营战略，各种金融业务部门的相关利益主体[①]存在结构性差异，因此，在各种金融业务的互动过程中，集团对各子公司利益关系的调整必然会导致一定的利益冲突。这些利益冲突可以归纳为以下几方面：一是集团内两个以上的成员经营基本相同的业务，从而在市场占有率上产生相互竞争[②]。二是集团内如果一项业务由一成员转移至其他成员，而该成员仅增加额外成本却无额外利润时，因该业务转移而获利与因该业务转移而受害这两者间就产生了利益冲突。如为了支持证券发行价格，母银行向证券子公司所承销证券的发行公司发放贷款。又如母银行为规避监管，绕道向证券子公司发放贷款。三是集团内机构的营业决策违反市场竞争和市场效率原则而产生的利益冲突。如为防止证券发行失败，在明知财务状况不佳的情况下，母银行向证券子公司所承销证券的发行公司发放贷款，导致银行资产质量恶化，承担信用风险，构成利益冲突。

4. 规避监管

银行集团经营领域涉及多个行业，由于各行业的金融监管标准、监管方法、监管重点有所不同，这些都为银行集团规避监管提供了可能。首先，银行集团可能倾向于把资本向监管要求较松的子公司转移，从而产生监管套利，使集团的经济资本出

---

① 相关利益主体一般包括股东、债权人、客户、经理和员工，以及政府监管部门等众多利益主体。
② V.Berghe, K.Verwire, *Creating the Future with All Financial Conglomerates*, Kluwer Academic Publisher, 1999, p.163.

现虚高。其次，利用不同国家或部门的资本监管要求，银行集团就其风险承担混合使用不同资本计算方法，或选择性地使用一种特定计算方法，以计算得出较低的监管资本。最后，银行集团可以通过关联交易将利润由高税负企业转移到低税负企业，或者由盈利企业转移到亏损企业，这样就增加了税收监管的难度，造成政府税收的减少①。

5. 道德风险

经济学中的道德风险一般是指在委托—代理关系中，代理人受自利本能的驱使，利用制度漏洞和拥有的信息优势，追求自身效用最大化而损害委托人或其他代理人效用所带来的风险②。在与银行集团有关的当事方中，委托—代理关系较多，导致的道德风险情况也较为复杂。如既有银行集团与外部客户（包括债权人和消费者）之间存在的委托—代理关系，也有集团母公司与子公司之间存在的委托—代理关系，这些都可能导致道德风险。具体而言，银行集团的道德风险主要体现在以下三个方面。第一，银行集团中不受监管的机构可能试图通过与集团中银行的关联关系，获得银行安全网的保护，从而放松自身的风险管理。第二，银行集团可能因其规模庞大而被市场参与者和集团各附属机构认为是"大而不能倒"的，集团将会得到监管当局救助的预期可能会助长其不审慎的经营行为。第三，集团内部机构可能会预期在其陷入财务困境时能得到集团内其他机构的帮助，而采用不审慎、不合规的经营方式。因此，如何能

---

① 康华平：《商业银行综合经营及风险控制研究》，中国金融出版社 2012 年版，第 43 页。
② 阮永平：《金融控股集团道德风险问题研究——基于侵害债权人利益的视角》，《财经问题研究》2011 年第 8 期。

够消除银行集团的侥幸心理，既惩处其过度冒险行为又不至于造成对金融稳定的威胁，是金融监管面临的一大挑战。

6. 缺乏透明度

从独立公司法人的角度看，银行集团母公司的透明度与其他金融企业的透明度具有一致性。但由于银行集团母、子公司之间，子公司之间错综复杂的内部交易，特别是逃避监管的内部交易的存在，导致集团公开信息占应公开信息的比例通常要低于非集团化的金融企业，这使得监管机构、债权人和其他利益相关者难以做出真实、及时和准确的判断。同样，由于集团中大量内部交易的存在，以及处于不同行业、国家和地区，母公司和子公司使用的会计准则等存在较大的差别，银行集团可能会利用这些差异制造虚假信息来牟取不当利益。如银行集团可能会通过内部交易夸大一个子公司的利润和资本充足水平，从而使集团公司的净资本虚增。这就使得集团的运作存在着极大的透明度风险，加剧了金融监管的难度①。

综上所述，对于银行集团而言，在市场状况良好的情况下经营多种金融业务（包括银行、证券、保险、信托、基金、期货、金融租赁等），能因规模经济、范围经济而形成协同效应，以促进集团内部机构业务的发展，并降低和分散了经营风险，使得集团整体利润保持在相对稳定的状态。但是，由于银行集团旗下管控着多种类型的金融机构，从集团角度来看，管理全集团风险的难度无疑比管理单一金融机构风险的难度要大。集团内部机构除了面临各自的市场风险、信用风险、操作风险、流动

---

① 黎四奇：《国际视野下的中国金融集团风险管理研究》，经济科学出版社 2008 年版，第 186 页。

性风险等外，还要面临集团内部风险传染、资本金不足等问题。在金融全球化背景下，随着全球金融体系逐渐走出危机，综合经营模式可能又将成为各国金融业竞争的焦点。我国许多商业银行也逐渐发展成为集银行、保险、证券、信托、基金等业务为一体的银行集团。在这一过程中，我国银行集团和金融监管机构应当借鉴国际经验，重视集团自身所面临的复杂风险特征，建立合理的公司治理架构、并表风险管理机制，加强对银行集团资本充足率和风险隔离等方面的监管，以保证银行集团的稳健运行。

第三节　并表监管和并表管理的概念

一、并表监管的概念

在银行集团内部，银行、证券、保险公司的业务交叉使得原有以机构类型确定监管对象和领域的监管模式较难充分发挥作用，而银行集团综合化经营的风险特征又要求银行监管者能够从集团整体层面认识和应对这些风险。并表监管是应对这些挑战的重要监管工具，其本质是考虑到银行集团的所有经营风险，从银行集团的整体予以综合监管的一种监管方法。

并表监管是一个翻译而来的名词，其英文为"Consolidated Supervison"。最初的"并表监管"主要关注跨境并表。1975年9月，巴塞尔委员会发布了《对银行境外机构监管的报告》（Report to the Governors on the Supervision of Bank's Establishments)，提出了母国监管机构与东道国监管机构监管责任划分和监管合作的初步建议，认为并表监管是"对每家银行的全球业务进行总体监控，而不仅满足于单一银行的稳健性"。经过几年实践，巴塞尔委员会于 1983 年正式发布了《银行境外机构监管原则》(Principles for the Supervision of Bank's Foreign Establishments)，明确了母国监管机构的并表监管职责，将并表监管理解为母国监管机构对其所负责银行或银行集团的全球业务进行汇总性的风险状况和资本充足性监管。

进入 20 世纪 90 年代中后期，在放松金融管制浪潮的推动下，全球综合经营步伐明显加快。巴塞尔委员会也相应扩展了并表监管的覆盖范围。2006 年版的《有效银行监管核心原则》指出，并表监管包括银行集团中银行和非银行业务的并表监管以及跨境业务的并表监管。美联储将并表监管的含义归结为：母银行和母国监管当局负责监控银行和银行集团风险的爆发（包括风险的集中和资产质量的恶化），并在兼顾到跨国银行业务全局性的基础上，对跨国银行的资本充足性实行监管。中国银监会 2008 年颁布的《银行并表监管指引（试行）》指出，并表监管是指在单一法人监管的基础上，对银行集团的资本、财务以及风险进行全面和持续的监管，识别、计量、监控和评估银行集团的总体风险状况。2008 年全球金融危机之后，国际社会根据危机暴露的缺陷，对并表监管的内容再次进行了完善（参见第二章）。

二、并表管理的概念

根据中国银监会 2014 年颁布的《商业银行并表管理与监管指引》的规定，并表管理是指商业银行对银行集团及其附属机构的公司治理、资本和财务等进行全面持续的管控，并有效识别、计量、监测和控制银行集团的总体风险状况。银行集团并表管理要素包括公司治理、授权管理、人员管理、绩效考核机制、资本充足率、会计制度、业务控制、并表风险管理、内部交易、大额风险暴露和集中度、内部审计、并表管理信息系统十二个方面的内容。

我国银行集团的并表管理依目的不同，可分为会计并表、资本并表和风险并表。这三者之间并表机构的范围各不相同。

会计并表是指银行集团按照会计准则编制合并财务报表。根据《企业会计准则第 33 号——企业合并财务报表》的规定，我国银行集团会计并表机构的范围以控制为基础确定，即母银行应将所有被控制的附属机构纳入会计并表范围，母银行不能控制的附属机构不纳入会计并表范围。

资本并表是指银行集团根据《商业银行资本管理办法（试行）》进行并表资本充足率计算。根据《商业银行资本管理办法（试行）》的规定，资本并表管理机构的范围是：被投资机构如为保险公司或非金融机构，不纳入资本并表范围；被投资机构如为保险公司之外的金融机构，且被母银行控制或者持有 50% 以上表决权或者具有重大风险影响，应纳入资本并表范围；资金调度受到限制的被投资金融机构可不纳入资本并表范围。

风险并表是指银行集团母银行对被投资机构进行风险管理。对于所有被银行集团母银行控制的附属机构均应纳入风险并表范围。对于被投资机构未形成控制，但符合下列情形的，也应当纳入风险并表机构的范围：一是具有业务同质性的各类被投资机构，其资产规模占银行集团整体资产规模的比例较小，但加总的业务和风险足以对银行集团的财务状况及风险水平造成重大影响；二是被投资机构所产生的风险和损失足以对银行集团造成重大影响，该机构所产生的风险和损失包括但不限于流动性风险、法律合规风险、声誉风险等；三是通过境内外附属机构、空壳公司等形成复杂股权设计成立的，有证据表明母银行实际控制或对该机构的经营管理存在重大影响的其他被投资机构。例外的情形是：由母银行短期持有，且对银行集团不产生可以预见的重大风险影响的被投资机构，包括准备在一个会计年度之内出售或清盘的、权益性资本在50%以上的被投资机构，经监管机构同意可以不纳入银行集团并表管理范围。

第四节　研究意义

一、金融危机为研究银行集团并表管理和监管问题赋予新内涵

与传统商业银行相比，银行集团的优势在于能够为客户提供较为全面的服务，能够有效连接货币市场、资本市场和保险市场，将各种金融业务进行有效组合，从而降低成本，发挥规模经济和协同效应的优势。但在全球金融危机中，对于综合经营的争论表明，银行集团是否有能力从事多元化经营，取决于其能否处理好业务扩张与管控能力、盈利能力的平衡。只有厘清银行集团的风险及形成机理，设计合理的内部公司治理、风险

管理、资本管理等机制，并健全有效的外部监管体系，才能使银行集团综合经营的优势得以发挥。因此，研究我国银行集团并表管理及监管问题具有较强的现实意义和理论价值。

二、我国对银行集团并表管理和并表监管的要求有待提高

21 世纪以来，我国金融业综合经营试点稳步铺开，商业银行开始涉足综合化经营，并开展并表管理工作。特别是 2012 年以来，在我国稳步推进利率市场化改革的背景下，商业银行将综合经营作为有效对冲利差收入下降的手段之一，开展综合经营的动力不断增强。我国一些较早开展综合经营的银行集团已建立了相对清晰的并表管理体系、组织架构和管理制度。但总体而言，我国银行集团的并表管理尚处在初步管理阶段，部分集团并表管理架构尚不清晰，制度和政策尚未实质性覆盖全部附属机构，一些关键的业务和风险控制尚不到位，并表管理效果还比较有限。

《金融业发展和改革"十二五"规划》提出了要"引导具备条件的金融机构在明确综合经营战略、有效防范风险的前提下，积极稳妥开展综合经营试点"。在这一背景下，加强对我国银行集团并表管理和监管问题的研究，是健全和完善我国金融监管体系的需要，也是维护我国银行业安全稳健运行的一个重要课题。只有通过实践探索和理论研究，在银行集团内部建立科学、系统、有效的公司治理、资本管理、风险管理等机制，并在外部实施有效的金融监管，才能使我国银行集团在控制风险的前提下，稳步推进综合经营，真正打造出具有国际竞

争力的银行集团。

三、银监会重视银行集团并表管理和监管为研究相关问题创造条件

中国银监会自 2003 年成立以来，一直重视对商业银行综合经营和并表监管问题的研究工作。近年来，随着我国银行集团业务结构、组织结构和风险特征的日趋复杂，进一步提升并表监管能力，已成为中国银监会加强监管的重点工作之一。2008年，中国银监会制定并颁布了《银行并表监管指引（试行）》，共7 章 83 条，对并表监管范围、并表监管要素、并表监管方式、跨境并表监管、银行集团的并表管理等做出了规定。

为进一步加强商业银行的并表管理，适应新形势下商业银行跨业跨境经营出现的新变化和新趋势，2013 年以来，中国银监会对 2008 年颁布的《银行并表监管指引（试行）》进行了全面修订，并于 2014 年发布了《商业银行并表管理与监管指引》，共11章 94 条，对并表管理范围、业务协同、公司治理、全面风险管理、资本管理、集中度管理、内部交易管理、风险隔离等做出了规定，明确了商业银行是并表管理的首要责任人。上述两个指引是我国制定的关于银行业并表管理和监管的规范性文件，为研究完善并表管理和监管的措施和方法提供了原则和思路。

在不断强化并表监管能力建设的同时，中国银监会也持续跟踪研究金融集团监管的国际经验。自 2012 年起，中国银监会派员参加联合论坛《金融集团监管原则》的修订和实施工作，通过跟踪、借鉴国际经验，不断完善银行集团并表监管标准和政策工具。中国银监会对银行集团并表监管工作的重视，为提升我

国银行集团综合经营和并表管理能力提供了制度保障，也为研究这一问题创造了有利条件。

第五节　文献综述

银行集团是金融集团的一种类型。很多文献对于银行集团的并表管理与监管问题的研究与金融集团并表管理与监管问题的研究没有做出严格区分。现有对银行集团（金融集团）管理与监管的研究主要包括：

一、金融集团综合经营的风险问题

关于金融集团综合经营的风险问题的研究，主要涉及金融集团的资本充足率问题、传染效应、内部交易及其监管等。

Morrison（2002）对金融集团资本监管进行了分析，指出有三个问题值得关注：一是金融集团内银行和保险公司的资本充足率是否应当一致的问题。因为一旦金融集团内含银行和保险两类机构，就存在资本套利。二是金融集团是否应适当降低金融集团整体资本充足率以鼓励金融集团多元化发展的问题，即金融集团内金融子机构与独立的专业化金融机构对资本充足率的要求是否应一致的问题。三是对金融集团内部没有金融牌照的子公司，是否应当进行资本监管的问题。对于这些问题，他认为在金融集团内部，银行和保险公司之间的资本充足率应有差异，保险业的资本充足率应适当小于银行业。同时，他对于监管层采取的以行业加权方法计算金融集团资本充足率持有不同意见，认为一旦考虑金融集团的多元化效应加权计算资本充足率，就有可能会增加集团的系统性风险，并有损公平竞争的原则。

Freixas、Lóránth 和 Morrison（2007）分析了金融集团从事风险行为的动力，认为集团潜在的多样化收益可能会因金融安全网的"搭便车"行为而抵消，因为如果市场约束较弱，"搭便车"的道德风险就比较大，此时监管者提出的资本要求就会对市场约束起到一定的替代作用。他们讨论了分别对应于单一机构（Standalone Institutions）、一体化的金融集团（Integrated Financial Conglomerates）以及金融控股集团（Holding Company Conglomerates）的最优资本监管问题，指出在现行情况下，一体化的金融集团的资产负债表是一个已经合并了所有项目的单一的报表，不存在资本内部最优配置的问题，且若将存款保险安全网延伸到非银行业务，削弱市场约束，就应给予更高的资本充足率要求；而控股公司模式的金融集团能够在不同子公司之间进行资本配置，市场约束较强，可以改进福利。因此他们认为，金融集团不同的组织结构、不同业务单元的管理人员面临的不同激励机制使得其受到不同程度的市场约束，监管资本要求也应有所差异。

在计算金融集团资本充足率方面，Lai 和 Yu（2005）设计了一套指标，试图明确中国台湾金融集团资本充足率的计算标准。对金融集团内单一子公司而言，所有资本都应基于风险水平测度之上。这里的测量尺度既可以是纯粹的风险尺度，也可以是"风险/回报"的尺度。

二、金融集团的并表监管问题

Skipper 和 Bowles（2000）对全球金融业综合经营的趋势、综合经营面临的风险问题和管理问题进行了研究，并对亚洲、欧洲、北美地区金融集团综合化的程度和并表监管情况进行了总结。其重要贡献在于从不完全市场的角度将监管分成三类（监管当局对金融中介的审慎监管、对市场的监管以及监管当局的竞争政策），并指出监管架构是否需要与金融业综合经营的情况相一致，取决于监管架构能否使得政府失灵的程度最小化。在研究中，他们指出了并表监管的重要性，认为一国金融服务市场越大，监管面临的困难和问题也就越复杂，所以不同监管机构可通过监管合作和信息共享等方式加强并表监管。

Jackson 和 Scott（2002）就巴塞尔委员会、联合论坛、欧盟、美国和英国对金融集团的监管方法和监管模式进行了总结和分析，分别分析了上述监管方法存在的不足，以及当前监管当局面临的挑战。他们认为，监管当局应促进监管模式的统一和监管标准的趋同，以实现监管套利最小化和防范风险转移；真正的统一监管需要在不同金融部门之间形成更为具体的共同监管标准，即建立和加强并表监管。

Demaestri 和 Sourrouille（2003）对并表监管的实践进行了比较分析，讨论了不同国家并表监管的政策以及所涉及的技术性问题，如并表监管的目标、范围、责任、权力等，并研究了金融集团监管中的风险评估和危机管理等内容，最后提出以下问题还需要进一步开展研究：一是如何平衡监管方法与金融市场发展之间的关系；二是如何兼顾监管专业性与统一性之间、专业监管与并表监管之间的关系；三是如何评估跨不同业务和不同机构的风险；四是将不同规模的专业化监管机构合并在一起实施集中统一监管是否有效；五是如何对并表监管的有效性进行实证分析和量化。

国内对金融集团监管问题的研究，主要是在对国际监管模式进行分类或介绍发达国家监管模式的基础上，提出中国金融监管模式改革的设想和主张，如钱小安（2001，2006）、陈建华（2001，2002）等。夏斌（2001）、谢平（2003）等从风险特征、对应的监管措施等方面，对金融控股公司的监管进行了系统研究，并提出加强对金融控股公司监管的建议。刘宇飞（1999）认为，被监管者出于种种考虑，总是试图隐瞒对其不利的信息，但如果监管者之间的信息交流顺畅，则各监管者仍能获得尽可能多的有用信息。白钦先（2000）认为，要避免全球性金融危机的发生，就要完善金融监管的国际协调与合作机制，并从根本上维护发展中国家的金融主权。朱孟楠（2003）研究了金融监管国际协调与合作的形式和效应、主体和客体以及深化合作等问题，并提出了加强金融监管国际协调与合作的对策和建议。

三、金融集团的并表管理问题

国内对金融集团并表管理问题的研究，大多是在介绍国际领先金融集团管理模式的基础上，提出加强金融集团并表管理的建议。如于东智（2005）对花旗集团、德意志银行集团以及三菱东京金融集团的公司治理实践等问题进行了详细的比较，分析了三种金融集团治理模式之间存在的差异和共性，提出应以风险管理原则为基础构建商业银行治理结构，进一步强化监事会的功能，并保证监事会的独立性等建议。谭庆华等（2010）就银行集团并表管理中的大额风险暴露、内部交易与关联交易之间的关系、风险防火墙制度等问题进行了分析，并就如何加强银行并表管理和银行业监管提出了相关的政策建议。

总体而言，上述文献较为全面地分析了金融集团并表监管面临的难题，并提出了相应的解决办法，但较少涉及如何完善金融集团并表管理的制度建设和技术方法等内容。就并表管理而言，由于并表管理完全是金融业实际发展所产生的需求，与实践关系密切，其研究成果多以各金融集团内部管理制度的形式存在，研究人员也多是从事实际业务的银行业专家或金融监管者，因此较少有深入的理论研究。

第六节　研究思路和框架

一、研究思路

本书从银行集团自身的管理和外部监管两方面探讨银行集团的并表管理和监管问题。需要指出的是，银行集团自身的并表管理和银行业监管机构对银行集团的并表监管的目标、手段不尽相同：前者关注的是如何从银行内部着手加强公司治理、进行资本管理和风险管理等问题；后者关注的是如何在银行外部以多种手段监控风险等问题。本书将在借鉴国际先进银行集团并表管理和监管经验的基础上，从银行集团内部公司治理、风险管理、资本管理和外部风险监管的视角出发，对银行集团并表管理和监管问题进行深入研究，为相应的政策选择提供理论支持。

二、研究框架

本书将在分析银行集团存在的风险及其表现形式的基础上，从五个方面研究银行集团并表管理和监管问题：一是金融危机发生后全球对综合经营及其监管的反思；二是银行集团的公司治理问题；三是银行集团的资本管理问题；四是银行集团的并表风险管理问题；五是银行集团的风险隔离问题。

具体而言，本书共分六章进行论述：第一章"引言"，明确银行集团的定义和风险特征，分析银行集团并表管理与监管的内涵，介绍本书的基本思路、主要框架和研究方法。第二章"金融危机后国际社会对综合经营及监管的反思"，对全球金融危机发生后，国际金融监管改革的最新进展进行分析，详细介绍了2012年版《金融集团监管原则》、2012年版《有效银行监管核心原则》的相关内容和监管关注点。第三章"银行集团公司治理问题研究"，在分析国际先进银行集团公司治理实践的基础上，重点研究银行集团公司治理的模式、母银行对子公司的管控、集团内部业务协同等问题。第四章"银行集团资本管理问题研究"，重点就银行集团资本并表和主动资本管理问题进行研究。第五章"银行集团并表风险管理问题研究"，重点研究银行集团风险管理的框架、策略、流程，以及并表管理信息系统的构建等问题。第六章"银行集团风险隔离问题研究"，在重点分析银行集团风险传染的渠道和影响的基础上，结合国际上监管隔离的主要框架及银行采取的风险隔离措施，提出我国银行集团加强风险隔离的相关建议。本书研究框架如图1-1所示。

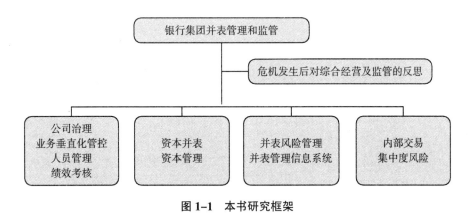

图 1-1　本书研究框架

第七节　研究方法

（1）实证分析法和规范分析法相结合。本书在研究过程中力求基于银行经营管理和监管实际，将规范研究与实证研究相结合，提出监管实践过程中存在的问题和解决的建议。在本书的银行集团风险特征、公司治理、资本管理部分，主要是规范分析，但也包含了对实际问题的发现。因此，在研究过程中，笔者听取和参加了关于并表监管、金融集团的风险监管等的专业会议和讨论会，深入了解和认真思考了并表管理和监管所涉及的一些具体监管政策和可能的实施效果，学习和掌握了实践中有关并表管理与监管的信息和知识，了解到监管部门并表监管工作开展的基本情况以及目前面临的一些主要问题。这些都为本书的撰写提供了重要素材。

（2）历史分析法与归纳分析法相结合。相对于欧美百年银行发展历程和大量存在的银行集团，我国银行集团的历史较为短暂，且对银行集团的并表管理与监管仍在不断完善过程中。因此，本书在分析研究中，既对银行集团的发展特性、公司治理、风险管理等理论以及实证文献加以整理，以描述国际银行业并表管理与监管的历史发展进程，又对国际先进银行集团的实践进行分析，试图揭示出具有规律性的经验。

（3）比较分析法。并表管理与监管的发展主要来自国际经验和国际金融监管组织的推动，相对而言，我国银行集团的并表管理和监管尚处在起步阶段。因此，本书注重对国际经验的总结和梳理，在并表管理与监管的基本框架和主要原则的分析中运用比较分析方法，将国际金融集团相互进行比较，将国际经验与中国实践相互进行比较，以发现影响我国银行集团并表管理与监管有效性的因素。

第二章 金融危机后国际社会对综合经营及监管的反思

综合经营对于商业银行改善高度依赖存贷利差的盈利结构、分散经营风险、提升金融服务能力具有积极作用，但是风险管控的难度也将增加，不审慎的综合化经营会带来更大的风险。全球金融危机表明，金融集团容易高估自身的管理能力、扩张过快、对风险控制不足，不但没能分散自身风险，还容易导致集团内部的风险传染和积聚。全球金融危机以来，如何加强对银行集团的并表监管和管理，防范风险传染，成为各国监管当局和大型银行集团共同关注的问题。本章将对近年来国际金融监管改革的进展情况做简要分析。

第一节 2012年版《金融集团监管原则》及其监管关注

金融集团的优势在于可以实现范围经济并分散风险，但由于金融集团具有经营范围广、组织结构复杂、涉及未受监管实体等特征，会带来"大而不能管"等问题，因此无论是为其自身的风险管控，还是为金融监管都带来了很大挑战。如何对金融集团加强管理和监管，防止风险传染，长期以来都是各国金融机构和监管当局尤其关注的问题。

一、联合论坛的成立

1993 年，巴塞尔银行监管委员会与国际保险监督官协会（IAIS）、国际证监会组织（IOSCO）联合成立了证券、保险与银行业的三方监管小组，开始对大型多元化金融集团的监管问题进行研究。1995 年，该三方小组联合发布了《金融集团监管》（Supervision of Financial Conglomerates）文件，对金融集团的定义、监管现状及问题归类、监管方法、资本充足性、集团内在的风险等方面的监管问题进行了一定的探讨。1996 年，巴塞尔银行监管委员会、国际保险监督官协会和国际证监会组织建立了联合论坛（Joint Froum），继承了三方监管小组的任务，继续致力于研究银行、证券、保险监管所共同面临的问题和金融集团监管问题，并制定了一系列加强金融集团监管的文件。

二、联合论坛的早期成果

20 世纪 90 年代以来，全球金融体系呈现出从过去的严格分业经营逐渐向综合经营转变的趋势，一些大型金融集团以空前的速度涌现。因此，加强对金融集团整体的监管就显得十分迫切，并引起了各国监管者的广泛关注。在这一背景下，联合论坛于 1999 年 2 月制定发布了多个有关金融集团监管的专题文件，即《资本充足性原则》、《对资本充足性原则的补充》、《适宜性原则》、《监管信息共享原则的框架》、《监管信息共享原则》、《关于监管协调员的报告》、《监管调查问卷》、《金融集团内部交易及其风险敞口原则》、《风险集中原则》等。上述文件共同构成了金融集团监管的制度框架，即 1999 年版《金融集团监管原则》（以下简称 "1999 年版《原则》" 或 "《原则》"）。1999 年版《原则》的内容主要涉及以下几个问题：一是金融集团资本充足性评估方法，包括资本重复计算的认定；二是监管机构之间信息共享；三是监管机构之间的合作；四是对金融集团管理层、董事和主要股东的履职评价；五是对风险集中度、集团内部交易及其风险敞口的审慎管理与控制。总之，联合论坛发布的 1999 年版《原则》，对金融集团的监管提出一系列最低原则和实施标准。这也是联合论坛早期出台的重要成果。

三、2012 年版《金融集团监管原则》的监管关注

全球金融危机发生后，联合论坛对危机中所暴露出的金融集团监管方面的问题进行了反思，并成立工作组，对 1999 年版《原则》进行修订和完善。2012 年 9 月，联合论坛正式发布了修订后的《金融集团监管原则》（以下简称 2012 年版《原则》或 "《原则》"）。

2012 年版《原则》体现了全球金融危机发生后国际社会加强金融集团监管的共识，提出了监管权力和授权、监管责任、公司治理、资本充足性和流动性要求、风险管理五个方面的 29 条原则，以完善金融集团的监管制度，解决此次全球金融危机中暴露出的有关金融集团监管的问题。2012 年版《原则》认为金融集团经营范围广且跨越不同行业，集团组成既包括受监管的机

构，也包括不受监管的机构（如特殊目的实体和不受监管的控股公司），与单个银行的监管相比，金融集团监管面临更为复杂的风险。针对以上难点，《原则》强调了金融集团监管需要着重解决的三方面问题：一是资本的重复计算，如双倍和多倍杠杆的问题；二是集团风险，如风险传染、集中度风险、管理复杂程度、利益冲突等问题；三是监管套利的问题。

2012 年版《原则》主要包括以下内容：

（1）要求设立明确的程序和选择特定监管者负责金融集团层面监管，并确保监管者具有必要的授权和资源。对于金融集团的监管者所应获得的授权和资源，《原则》强调了三方面的具体内容：一是应有清晰的法律框架为监管者提供必要的权力和授权，保证监管者具有独立性，拥有全面的监管工具进行监管，并能够及时实施纠正措施和有效处理危机。二是监管者应建立、执行和坚持以风险为基础的集团审慎监管最低标准，并清晰界定哪些监管工具应用于集团母公司，哪些监管工具应用于附属机构。三是监管者应通过监管行动深入理解金融集团的运营情况，前瞻性地评估各种风险来源，尤其是传染性的风险，并加以识别和管理。监管者应将特殊目的实体、金融集团控股公司和金融集团所属控股母公司等纳入监管视野，并评估其对金融集团的影响。

（2）针对集团组织结构复杂性，提出新的高层次公司治理准则，强化董事会责任和推行全面一致的治理架构。其具体包括以下三方面内容：一是 2012 年版《原则》重申了 1999 年版《原则》中的履职原则，强调由于集团业务的复杂性，必须选择合适的人员负责重要的岗位。监管者应按照相关人员对于集团的影响力和职责大小设立不同的称职标准。1999 年版《原则》并未对董事会的角色和责任进行规定，2012 年版《原则》明确要求公司治理的最终责任在于金融集团控股公司董事会，董事会应具有相对独立性，对集团战略和风险偏好负责，并保证其在集团各机构中均能得以顺畅执行。2012 年版《原则》充分考虑了当金融集团从属于较大的多元化集团时，更为广泛和复杂的组织结构给金融集团所带来的实质性风险能够被有效识别和恰当评估这一问题。二是 2012 年版《原则》在公司治理方面强调了三个"一致性"的要求：首先，监管者应力求确保金融集团的治理架构全面一致，包括集团中未被监管的机构，并尽量使集团和附属机构各自的利益需求相互协调。其次，监管者应尽可能保证金融集团的组织和管理结构与集团的总体战略和风险轮廓相一致。最后，金融集团控股公司董事会应保证集团的战略和风险偏好在集团各机构包括不受监管的机构中得以一致执行。监管者尤其应当注意，当集团的组织和管理架构与其法人结构不相匹配时，集团中数目众多的法人实体及其关联性和内部交易将给有效的公司治理带来更大挑战[1]。三是 2012 年版《原则》还顺应了全球金融危机后国际金融监管改革的趋势，对金融集团的薪酬政策提出了新的监管原则。2012 年版《原则》要求其应与国际通行标准和集团自身风险轮廓相符合，不能激励过度承担风险的行为和违规行为，并最终由金融集团的控股公司负责监督。《原则》在此领域的一个重要观点是，与集团风险控制相关的员工应获得与其职责相一致的薪酬激励，并应参与到集团薪酬

---

[1] 张晓朴：《加强商业银行并表监管》，《中国金融》2014 年第 4 期。

体系的设计中来，以对集团薪酬体系是否鼓励了过度承担风险的行为做出评估。

（3）强调关注资本双重或者多重计算、过度杠杆等资本充足评估问题，要求集团应建立良好的资本和流动性管理政策程序。联合论坛一直非常重视资本在金融集团监管中的重要作用。2012 版《原则》要求金融集团的资本充足评估和计量技术应能够较好地考虑资本的双重或者多重计算、金融集团的过度杠杆和母公司发债注资子公司等问题。《原则》提出，监管者应要求金融集团通过订立资本管理政策，建立清晰合理的资本规划流程，对资本进行前瞻性的规划管理。资本规划应针对所有可能需要资本覆盖的实质性风险，包括表内表外、受监管和不受监管机构的风险在内，且应在风险加总的层面而不是各自独立的层面进行资本管理。同时，资本管理应充分考虑集团层面的风险轮廓、资本在集团内的转移限制对资本评估造成的影响，以及宏观经济环境对集团可能造成的冲击，并将压力测试纳入资本规划和管理的全过程。

（4）金融集团应具有独立、全面且有效的风险管理框架，强调风险加总和集团层面压力测试。1999 年版《原则》着重提出了风险集中度、内部交易和风险暴露的具体监管准则。2012 年版《原则》进一步要求金融集团应建立独立、全面且有效的风险管理框架；强调金融集团应有能力计量、管理和报告集团面临的所有实质性风险，并应具有良好的集团层面风险文化；要求董事会应明确集团层面的风险容忍度等。2012 年版《原则》还提出了以下三方面的新原则：一是监管者应要求金融集团以审慎态度加总其所面临的风险暴露。金融集团固然可以通过多元化经营分散风险并降低风险的关联性，也同样可能产生风险传染、声誉传染、评级传染、双倍或多倍资本计算、过度杠杆以及监管套利等"集团风险"。金融集团不应过度追求多元化，否则可能给资本充足和经营稳定带来不利影响。二是与危机发生后国际上的反思相一致，《原则》强调了集团层面压力测试的重要性，要求金融集团对其主要的风险来源定期进行集团层面的压力测试和情景分析。压力测试应与金融集团业务和风险来源的性质、经营范围、复杂性相适应，要设置足够严重的情景，并具有前瞻性和灵活性，覆盖包括表外业务在内的所有风险。例如，压力测试应充分考虑表外实体通过声誉传染、法律风险传染等方式给集团合并资产负债表带来的风险等问题。三是监管者应要求包括特殊目的实体在内的所有表外活动，在适当的情况下要纳入集团监管的范围。监管者应根据特殊目的实体与集团关系的性质设立评估程序，决定其是被完全纳入监管还是部分纳入监管。这种评估的范围包括特殊目的实体与金融集团之间的风险传染等内容，要超出传统的控制与影响关系评估的范畴。

此外，《原则》还要求金融集团在推出新产品之前，应确保建立适当的管理系统，尤其是应把 IT 系统铺设到位，并深入理解新产品对集团现有的风险偏好或风险容忍度有何影响。《原则》还提出了金融集团对外包业务的分级管理要求，即应区分哪些集团业务可以外包，哪些业务只能在安全性获得保证的情况下外包，哪些集团业务不能外包等。

四、2012 年版《金融集团监管原则》对指导银行集团并表管理和监管的作用

随着金融一体化的深入发展，银行、保险、证券等机构的业务边界不断延伸，相互之间的渗透趋于明显，不断涌现的金融创新也使得银行与证券、保险的界限日益模糊，而目前的分业监管模式使得金融集团的监管存在着监管盲点和冲突。在这一背景下，作为指导各国金融集团监管实践的规范性文件，2012 年版《原则》提出了金融集团整体监管理念和监管框架，为各国加强对金融集团的监管和管理，有效识别、评估和防范金融集团可能引发的系统性风险，促进金融业健康发展提供了指导。具体而言，2012 年版《原则》对加强银行集团并表管理和监管有以下几方面指导作用。

（1）《原则》强调了对金融集团监管的重要性，对加强银行集团监管具有指导意义。《原则》强调的金融集团监管的基本内容包括：①监测和校正资本重复计算（如双重或多重杠杆）；②关注集团整体风险（包括风险传染、集中度风险、风险的复杂性和利益冲突等）；③防止监管套利。《原则》主要关注金融集团跨行业经营活动导致的复杂性和监管盲点，是对行业监管的补充而非替代。这些原则规定对各国加强对银行集团的并表监管很有参考价值。

（2）《原则》提出了金融集团在公司治理、资本和流动性管理、风险管理等方面的框架，有助于银行集团在加强管理时予以参考。在公司治理方面，2012 年版《原则》强调了三个"一致性"，即金融集团内部应建立全面一致的治理架构，金融集团的

组织管理架构应与集团的总体战略和风险轮廓相一致，金融集团控股公司董事会应保证集团的战略和风险偏好在集团各机构（包括不受监管的机构）中得以一致执行。在资本和流动性管理方面，《原则》指出了资本规划应针对所有可能需要资本覆盖的表内和表外风险、受监管和不受监管实体的风险；集团母公司应恰当一致地识别、计量、监测和管理集团体系的流动性风险。在风险管理方面，《原则》要求金融集团应建立独立、全面且有效的风险管理框架，强调风险加总和集团层面压力测试。这些要求是对国际大型金融集团先进管理经验的总结，对各国银行集团加强公司治理、风险管理等具有示范作用。

（3）《原则》对我国加强银行集团并表管理和监管有着积极的参考作用。我国在《金融业发展和改革"十二五"规划》中提出了要"引导具备条件的金融机构在明确综合经营战略、有效防范风险的前提下，积极稳妥开展综合经营试点"，并要求应"加强综合经营机构的并表管理和全面风险管理。建立健全金融业综合经营风险监测体系和有效的防火墙制度，合理确定各类业务的风险限额和风险容忍度，制定有效的风险隔离措施"。2012年版《原则》提出的关于金融集团监管的多项原则，为我国银行集团提高并表管理水平，为我国监管机构实施有效的并表监管、促进金融市场的稳定与发展提供了可借鉴的依据和思路。

因此，以2012年版《原则》出台为契机，对银行集团的相关问题进行系统研究，分析银行集团在进行跨业经营时可能出现的问题，并提出加强对银行集团并表管理和并表监管的措施和办法，是很有必要的。

第二节 《有效银行监管核心原则》对并表监管的要求

《有效银行监管的核心原则》（以下简称《核心原则》）是巴塞尔委员会于 1997 年发布的国际银行监管领域的一份重要文件。作为国际上有效银行监管的通行标准，其不仅为评价银行监管体系的有效性提供了依据，也为各国银行监管当局分析存在的差距和问题提供了方法。全球金融危机发生后，在总结危机教训和国际银行监管改革成果的基础上，巴塞尔委员会着手修订并于 2012 年发布了新版《有效银行监管核心原则》。2012年版《核心原则》明确了有效并表监管的标准，如原则 12 "并表监管" 指出银行监管的关键内容之一是监管机构对银行集团实施并表监管，有效监测并在适当时对银行集团全球业务的各个方面提出审慎要求；原则 10 "监管报告" 要求监管机构在单个和并表基础上收集、审核与分析各家银行的审慎监管报告和统计报表；原则 13 "母国和东道国的关系" 对跨境银行集团的母国和东道国监管机构之间的监管合作也提出了必要标准。

与旧版内容相比，2012 年版《核心原则》对并表监管更加强调以下内容：一是强调并表管理的充足程度要与 "系统重要性" 相匹配。如原则 1 "责任、目标和权利" 的必要标准 3 指出，"监管机构有权根据单家银行和银行集团的风险状况和系统重要性提高其审慎监管要求"。二是强调不能忽视单个银行的监管，以及集团内母公司与附属机构的关联性。如原则 12 "并表监管"的必要标准 7 提出，"监管机构应对集团内的各家银行在单个法人基础上实施监管，并了解其与集团中其他成员的关系"。三是拓宽并表监管范围，强调对银行和银行集团的母公司也应实施并表监管。如原则 12 "并表监管"的必要标准 5 要求，"监管机构评估可能对银行和银行集团的安全稳健运行产生重大影响的母公司及其下属公司的重要业务经营活动，并在必要时采取适当的监管措施"。

第三节　主要国家对金融集团的结构化改革

全球金融危机发生后，针对金融机构过度承担风险、杠杆率过高等问题，主要国家监管当局相继出台了以业务隔离为主要内容的"结构性改革方案"，防止高风险业务的风险蔓延至传统银行业务，并保护存款人利益。

2013 年 12 月，美国美联储等五个联邦金融监管机构联合发布了《实施"沃尔克规则"的最终规则》。该规则的具体内容包括：一是禁止参与存款保险的商业银行或银行控股公司从事以证券、衍生品、商品期货和期权为标的的自营交易。但是，以下交易不在禁止之列：代客交易业务、证券承销业务、做市商业务、以对冲为目的的交易业务，以及以政府债券为标的的交易业务。二是限制银行投资对冲基金和私募股权基金。商业银行或银行控股公司可以少量持有对冲基金和私募股权基金的股权，但总量不得超过其一级资本的 3%；在基金设立一年后，持有该基金的股权占比不得超过基金总股份的 3%。

2013 年 12 月，根据银行业独立委员会发布的银行业改革最终报告，英国颁布了《2013 年银行业改革法案》，对英国银行业结构进行根本性的改革：一是要求在银行集团内部设立单独的零售银行法人实体，与风险较高的自营业务、投资银行业务等实现"结构性分离"。二是该实体须独立满足监管当局的资本、流动性等监管要求，并需要遵守更严格的公司治理和信息披露的制度要求。三是该实体与集团母公司及其附属机构的业务联系应视为与独立第三方的关系。

2012 年 10 月，欧盟也公布了有关银行业改革的《利卡宁报告》，要求交易资产规模超过 1000 亿欧元或超过银行总资产的15%~25%的银行，需要将交易业务纳入独立法人实体以实现风险隔离。

由上可知，西方国家三大经济体的改革措施均以业务隔离为主要内容，但也存在以下差异：在业务隔离范围方面，美国仅限于隔离银行自营业务；英国则要求隔离所有高风险业务；欧盟隔离了包括自营在内的所有交易业务，并提出还应结合对恢复与处置计划的评估，将被强制隔离的高风险业务视情况扩大到交易业务以外的银行业务。在业务限制方式方面，美国禁止银行从事自营交易；英国要求设立独立实体开展零售业务；欧盟则要求设立独立实体开展交易业务，即一家银行集团将同时拥有被强制隔离的交易银行法人实体和包括存款业务在内的其他银行业务法人实体。

在主要国家监管当局加强业务风险隔离的同时，全球金融危机以来一些大型银行集团也不断完善自身管理体制或拆分非核心业务。例如，花旗集团拆分为花旗公司和花旗控股公司。其中，花旗公司主营传统银行业务；资产管理、消费金融、证券经纪等非核心业务被归入"花旗控股"，并逐渐剥离。花旗前董事长兼首席执行官桑迪·韦尔（Sandy Weill）在 2012 年 7 月接受采访时曾表示，商业银行不适合从事投资银行业务，与其之前强烈支持并率先实践综合经营的言行大相径庭。汇丰银行在过去几年中累计出售了超过 40 项非核心业务，专注于开展银行业务。巴克莱银行也出售了旗下的部分资产管理公司、基金公司和私募股权投资公司，并设立"建筑互助会"专门负责商业银行业务①。

　　危机以来的全球金融监管改革，包含了银行集团并表管理和监管的相关要求。后文将分别从银行集团公司治理、资本管理、风险管理和风险隔离等角度，对银行集团并表管理和监管问题进行研究。

---

① 张晓朴：《加强商业银行并表监管》，《中国金融》2014 年第 4 期。

第三章 银行集团公司治理问题研究

近年来，随着我国大型银行和股份制商业银行的经营范围不断扩展，综合化和国际化深入推进，商业银行集团化发展趋势逐渐清晰。为了扩大经营范围，许多实力较强的银行均投资入股证券、基金、保险、信托、租赁等非银行子公司，形成了银行集团。但组建良好的银行集团不是简单的金融机构叠加。通过建立合理的公司治理架构，对集团内部金融子公司的人、财、物等资源进行有效的整合与管理，才是银行集团实现有效并表管理的关键。本章将对银行集团公司治理架构和机制进行研究。

第一节 银行集团公司治理概述

一、公司治理的定义

银行集团公司治理是企业公司治理的一部分。按照被普遍接受的定义，公司治理是公司管理层、董事会、股东以及其他利益相关者之间的相互关系。良好的公司治理应当建立合理的激励机制，使董事会和管理层追求符合公司和股东利益的目标；同时，应建立有效的制约机制，使激进冒险的经营目标及决策得到约束，以更好地保护股东及利益相关者的权益[①]。

根据 1999 年经济合作与发展组织（OECD）颁布的《公司治理结构原则》，公司治理结构框架应当维护股东的权利；应当确保包括小股东和外国股东在内的全体股东受到平等的待遇；应当确认利益相关者的合法权利，并且鼓励公司与利益相关者为创造财富和工作机会以及为保持企业财务健全而积极进行合作；应当保证及时准确地披露与公司有关的任何重大问题，包括披露财务状况、经营状况、所有权状况和公司治理状况等信息；应确保董事会对公司的战略性指导和对管理人员的有效监督，并确保董事会对公司和股东负责等。我国公司治理结构采用"三权分立"原则，即决策权、经营管理权、监督权分属于股东会、董事会或执行董事会、监事会。通过权力的制衡，使其各司其职，又相互制约，保证公司顺利运行。

二、银行集团公司治理的范围

银行集团公司治理一般是指合理配置集团中母银行、子公司及其所有者、高管层、其他利益相关者的权利和责任的一系列关系，包括集团中母银行和子公司各自的治理架构和治理机制、母银行对子公司的管控，以及各子公司之间的关系协调等。

银行集团公司治理不同于单一的企业公司治理。其区别主要

---

① 王兆星：《金融稳定之基石：有效公司治理——国际金融监管改革系列谈之八》，《中国金融》2013
年第 19 期。

表现在以下几个方面：一是银行集团公司治理涉及母银行治理、子公司治理等不同层次、多个维度的治理。二是银行集团强调母银行及各子公司之间的内部联动协作机制，即通过清晰的职责边界、优化资源配置和全面风险管理，实现集团的整体战略意图和发展目标。三是银行集团公司治理既要遵循一般公司治理的规则，又要把握好母银行对子公司的管控中集权与分权的平衡①。

银行集团公司治理也不同于集团管理。其区别主要体现在：集团管理侧重解决的是集团有效营运问题，即在一定的公司治理框架和发展目标引导下，如何恰当地分配资源和进行风险管理，实现预定的营运目标，以使集团利润最大化；而银行集团公司治理的重点是母银行、子公司及其所有者、经营者等权利和责任的一系列关系，目标是通过对集团的发展战略、治理架构和治理机制的设计，确保集团内部制衡机制、激励约束机制和管控机制等的有效发挥，以实现最大的经济效益与社会效益②。

第二节　银行集团公司治理的关注点及国际实践

开展综合经营的银行集团通过合理设计集团的公司治理架构，能够使各附属机构发挥最大效用，促进整个银行集团的整

---

① 钱毅、张春煜、杨才然：《中国大型银行集团公司治理初探》，《金融论坛》2012 年第 12 期。
② 陈晖萌、王纳：《中外金融控股集团公司治理比较研究》，《河南金融管理干部学院学报》2008 年第 4 期。

体功能最大化，并控制风险。从国内外实践来看，一些大型银行集团事实上已形成了各有特色、较为成熟的集团公司治理架构和机制，分析并借鉴其经验，将有助于完善我国银行集团公司治理。

一、国际银行集团的组织架构

1. 德国全能银行集团的组织架构实例

德国银行集团管理架构最显著的特征是要根据德国公司法的规定设立"双层委员会"，即同时设立监事会和董事会。监事会是在董事会之上的组织，是公司最高权力机构，负责监督和指导董事会工作，任命董事会成员，监控经营者；监事会成员由股东代表和雇员委员会代表组成，监事会主席由股东代表担任，董事会成员不能进入监事会。董事会则主要负责经营管理，所以有时也被称为执行董事会，成员由监事会任命，有责任和义务就全集团的发展战略制定与实施等业务活动向监事会报告，并执行和落实股东大会和监事会的各种决议①。如果与我国银行管理架构相比较，德国银行集团的监事会相当于我国商业银行的董事会，而董事会相当于高级管理层。

监事会和董事会下设的具体委员会层面，以德国某银行集团为例（见图 3-1），监事会下设了四个常务委员会：监事主席委员会、协调委员会、审计委员会、信用和市场风险委员会。监事会及其委员会负责审核董事会的业务发展计划，批准利润分配方案，并对年度财务进行审计。董事会下设集团执行委员会

---

① 于东智：《金融集团的公司治理:典型模式的案例分析》，《金融论坛》2005 年第 1 期。

和集团功能委员会。集团执行委员会的职责包括：为董事会提供有关全行业务发展和交易的情况，定期汇报各业务部门的经营状况，与执行董事会磋商并提出银行发展战略的有关建议，负责董事会决策的准备工作。集团功能委员会负责协助执行董事会进行跨部门战略管理、资源分配、内部控制以及风险管理等工作。

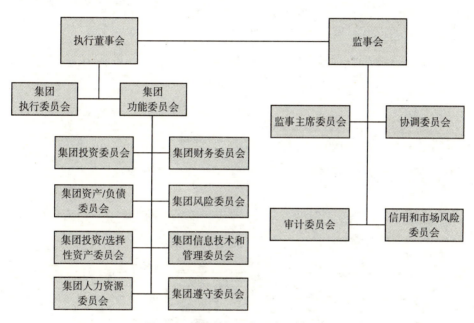

图 3-1　德国某银行集团的组织架构

2. 美英银行集团的组织架构实例

与德国不同，美英银行集团的组织特征主要是实行单一董事会的管理架构，通常不设监事会或监事会的权力较小。股东大会是最高权力机构，主要负责选举确定董事会，审议公司利润分配方案，但基本不直接参与经营管理。董事会向股东大会负责，与经营管理层分离。董事会作为最高的决策机构，负责确

定公司的发展规划和目标，评估经营管理状况，审视公司的重
大事项并做出相应的决策，以及决定公司的年度红利分配方案
等。高级管理层负责集团的日常经营和管理，由总裁、各条线
和各部门高级管理人员组成，通过各级、各类专业管理委员会
开展管理活动。

以英国某银行集团为例（见图3-2），董事会由执行董事、
非执行董事及常务总监组成，负责制定集团发展目标、战略规
划，审批管理层制定的年度计划。董事会下设行政、审核、提
名、薪酬四个委员会。在业务条线管理上，该集团按客户类别
和产品划分为五大业务部门：个人理财，工商业务，私人银行，
消费融资，企业银行、投资银行与资本市场。总部设置的职能
部门包括信贷及风险管理总部、资产负债管理总部和集团内审
部，其他辅助性职能部门主要设置于业务条线之内。业务部门

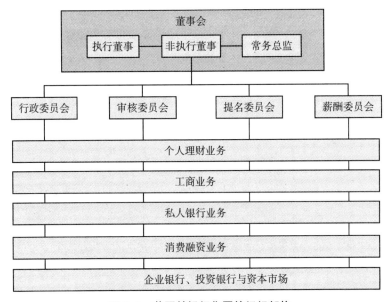

图3-2 英国某银行集团的组织架构

与职能部门组成了矩阵式的管理组织架构，最终向董事会下设的四个职能委员会报告。

3. 附属机构组织架构

国际银行集团管理层的职责在于建立一个全面的组织结构，并负责制定指导方针、基本政策和实施方案。在此基础上，附属机构一般会延续集团董事会、监事会和职能委员会的设置。但是，附属机构本身的形式（子行或分行）、层级（一级附属机构或二级附属机构）、股权结构（全资、控股、合营、参股）、战略投资目的（扩展业务与市场、纯粹的股权投资）都会影响附属机构组织架构的设立。

二、银行集团的治理模式

我国的银行集团与英美银行集团组织架构相似。从股东大会、董事会、高管层、监事会等方面构建银行集团整体治理架构和治理模式，形成集团治理结构的层次性，是更好地处理银行集团内部各层级机构之间关系的关键。

1. 股东大会

母银行的股东大会是集团股东大会治理链条的最上端。母银行可通过持有子公司 50%以上的股份，获得其绝对控股地位，从而加强对子公司的控制，并减少信息不对称所造成的风险。对于孙公司，母银行可以通过子公司间接控制孙公司。

2. 董事会

母银行董事会处于治理链条的最上端，是整个集团战略管理的核心。在董事会职责方面，母银行董事会应积极承担集团并表层面有效、审慎管理的最终责任，包括对集团业务经营、风险战略、组织架构、财务稳健和治理的成效负责，对高管层实行有效监督，并将并表附属机构管理纳入监督范畴。集团董事会及其专业委员会的构成、任职要求和权责设置应能保障其监督活动的有效开展。

在董事会人员构成方面，对于母银行而言，首先要合理确定母银行董事会中执行董事、股权董事和独立董事的构成比例；其次要制定外派董事的标准，明确外派董事的权利和责任，完善考核和奖惩制度。对于子公司和孙公司董事会而言，其董事会成员应主要由母银行内部的执行董事构成，而且大多数执行董事应由母银行按照公司法的相关规定派遣。

3. 高管层

母银行高管层在整个集团的并表管理体系中处于支配地位。母银行高管层负责并表管理的具体实施工作，承担全面执行集团风险管理和内部控制的责任，并设置首席风险官一职（或类似职位）统筹集团全面风险管理工作。

由于母银行要将其代理权委托给子公司，因此要通过合理的公司治理机制保持对子公司的管理。即按照持股比例以及公司法、集团章程的规定，任命和管理控股子公司的高管，并由母银行的高管层对子公司的日常业务进行指导、协调和控制，从而使子公司高管层的产生和运作不仅受市场规则的支配，而且能够通过整个集团组织体系渗透母银行的意图。

4. 监事会

母银行监事会位于银行集团监事会治理链条的最上端。为了加强资本、人事、财务及战略控制，母银行也经常向子公司派驻监事，在业务上可能对子公司的监事会进行指导。国际上很多银行集团，均由母银行向子公司派遣财务总监，以实现对子公司财务风险的控制和监督。

三、母银行对子公司的管控机制

在银行集团中，母银行通过对子公司的控制以实现整个集团的资源共享，是银行集团设立的主要目标之一，而母银行向子公司出资并行使出资人职能，是母银行对子公司实施管控的基础。母银行对子公司的管控，主要表现为母银行对子公司董事会的组成、业务开展、投资计划等重大事项的控制。

这里需要指出的是，母银行不是子公司的行政管理机构，与子公司之间也不是上下级行政隶属关系，因此母银行不能违反法律和集团章程的规定，直接干预子公司的生产经营活动。如果母银行对子公司控制过严，会影响子公司管理决策的制定；反之，如果母银行给予子公司过多的自主权，又有可能产生逆向选择风险，使集团承受更大的风险。因此，银行集团如何正确处理母银行与子公司、子公司与孙公司之间的集权与授权关系，并根据子公司的性质进行动态管控，充分发挥协同效应，是公司治理的关键问题之一。

从国际实践看，银行集团内部母银行对子公司的管控主要体现在以下五个方面：一是多数银行集团的母银行采取全资控股或绝对控股的方式以实现对子公司的充分控制。如 1999 年花旗集团上市后，花旗银行、保险、证券等专业子公司退市成为花旗的全资子公司。这种"一元化"的股权结构确保了母银行通过子公司股东大会行使表决权，以此控制子公司的经营决策，从而保证了集团战略意图的有效传递和执行。二是通过母银行董事会控制子公司的重大经营决策，如接受或转让大额财产、借入资金等重要事项须经母银行董事会决议批准。三是银行集团通过安排产权代表来实现对子公司的人事或管理控制。四是银行集团通常采用以内部审计为主的事后监督方式，对子公司的经营管理进行监督和控制。在欧洲大陆模式下，母银行的监事会向子公司派驻监事，并督导子公司的内部审计。在英美模式下，母银行董事会的审计委员会负责督导子公司的内部审计[①]。五是由母银行专门从事子公司产权管理的职能部门审查子公司的投资、贷款及债务担保项目，并考核子公司的经营业绩。

1. 母银行对子公司的业务垂直化管控

母银行对子公司的业务垂直化管控，是母银行对子公司管控的核心内容之一。近年来，国际上许多银行集团改变了过去以区域为主的管理模式，构建了以业务条线为主、区域为辅的管理架构。银行集团层面的组织结构也在由传统的职能部门向专业化管理的事业部制转变，即按照产品、客户或地区，将相关条线的职能部门整合成相对独立的经营单位。该经营单位拥有相对独立的市场、经营自主权和利益核算机制。如德意志银行非常重视业务条线的纵向控制，在业务条线上，母银行对下设的为数众多的子公司实施垂直化管理。与此同时，对在海外注册时间较长、业务本土化程度较高的子公司，一些银行集团也会采用矩阵式管理模式，强调子公司层面对业务的管理。如汇丰银行将发展目标定位于全球性的地方银行（Global Local Bank），强调本土化产品和零售业务，重视个性化服务，并给予

---

① 张春子、张维宸：《金融控股集团管理实务》，机械工业出版社 2010 年版，第 50 页。

子公司较大的自主权①。又如花旗集团依客户群体的不同将集团划分为若干事业部，由每个事业部管理若干个业务条线的子公司。花旗集团由此建立起事业部纵向业务指导与子公司专业化横向管理相结合的矩阵式组织架构，从而加强了子公司之间和事业部之间的有效联动，为各类客户群体提供"一站式"服务。

不论上述哪种管理模式，银行集团都对母银行的业务控制能力提出了较高要求。即使在母银行赋予了附属机构较多管理责任和权力的情况下，母银行也往往能充分掌握附属机构的业务状况和风险特征，以做好集团层面的并表管理工作。

总体而言，银行集团加强纵向管控最大的益处在于使母银行对附属机构的管理更为直接，"自上而下"和"自下而上"的联系沟通更为紧密，能够在一定程度上提高管理效率和一体化服务的能力，也有利于风险控制。具有以下特征的银行集团对业务条线垂直化管控的需求更强：一是母银行与附属机构主业相同或管理要求相近的集团，如附属机构是商业银行或保险公司的集团。二是业务标准化程度较高，较为适合垂直化管理的集团，如很多银行集团对证券业务、资产管理业务以及全球一体化程度较高的银行业务大都实行垂直化管控的模式。三是母银行事业部制较为成熟，已经搭建了规范的垂直化管控组织架构的集团，如德意志银行。四是以大客户为业务重点，附属机构较为依托母银行开展业务的集团，如中信银行总行对中国香港子公司振华财务公司所有授信业务都实施授权审批制，振华财

① 张晓朴、陈璐、毛竹青：《银行集团的并表管理》，《中国金融》2013 年第 3 期。

务相当于其在当地的贷款营销机构[①]。

2. 母银行向子公司关键岗位派驻人员

根据国际银行集团公司治理的实践，银行集团往往通过对附属机构关键人员的管理来进一步落实并表管理的要求。母银行对子公司关键人员的管理主要有以下几种方式：一是派驻董事、高管人员。母银行按照其所持有的子公司股份及法定程序，在子公司董事会和高级管理层中派驻代表自己利益的董事或高级管理人员，通常是派驻首席执行官、首席财务官和首席风险官等。二是实施对子公司委派董事、高管人员的绩效考核制度，其目的在于充分发挥子公司委派董事、高管人员的积极性，维护整个集团的利益。当子公司高管层未能履行其职责并对集团利益造成重大损害时，母银行有权向子公司董事会提出罢免建议。三是母银行可以根据需要设置专门的部门（或岗位），具体负责对子公司的股权管理工作[②]。

对不同类型的附属机构，银行集团人员派驻和管控的力度有所不同（见表3-1），但集团都会根据股权比例相应保留对附属机构高管层任免的最终决定权。有的银行集团则会根据是否有合适的人员和岗位匹配度来决定派驻人员的数量，但附属机构重要岗位人选均须经集团认可方可任免。

表3-1　银行集团派驻人员不同情形

派驻机构（部门）	管控程度
全资子公司	母银行具有完全的人事控制权
控股子公司	母银行通过确保在子公司董事会的席位和派驻高管，保持相应的控制力

---

① ② 张晓朴、陈璐、毛竹青：《银行集团的并表管理》，《中国金融》2013年第3期。

派驻机构（部门）	管控程度
参股的附属公司或孙公司	母银行通过公司治理安排，向这些公司派驻董事和高管，参与该公司的重大经营决策和人事任免
合营公司	一般在公司章程中对重要决策如高管任免等事项都有明确的规定，通常采取双方同意或由一方提名、另一方同意的方式
核心职能部门	包括风险管理、资产负债管理、财务、产品策略等，也有母银行派驻管理人员的情形

资料来源：安永（中国）咨询公司。

四、银行集团内部的协同机制

银行集团的作用在于能够整合分散的金融资源，以规模化经营和完善的功能来提升自身的竞争力。尤其在后金融危机时代，金融监管部门对集团资本的监管将进一步强化，传统的依靠大规模资本消耗获取利差收入、提高资产回报率的盈利模式不仅受到市场条件的制约，也将面临监管的严格限制。因此，银行集团需要充分运用人力、资金、网络及渠道等方面的资源，加强银行、证券、保险等金融领域业务的协同，以增强综合竞争力，提升经营绩效。

银行集团的业务协同是指银行集团内部两个以上的公司在战略管理和发展业务过程中，将各自拥有的技能、资源通过交流和共享等方式形成核心竞争力，再通过核心竞争力的转移和扩散，获得各自业绩的大幅提升。具体而言，银行集团业务协同可包括以下几种形式：

（1）共享集团客户资源，实现产品交叉销售。如瑞银集团于2005年启动了"一个公司"计划：发挥财富管理的咨询优势，加大向财富管理客户销售投资产品的力度；同时，以市场营销部门为主体，组建客户经理、产品经理和风险经理密切配合的综合性团队，实现统一营销、交叉销售，全面提升交叉销售能力和服务质量①。

（2）构建业务集中处理平台。这一平台包括电话呼叫中心、数据中心、业务集中处理中心、计算机集成系统等。

（3）建立良好的合作与考核机制。如法兴银行对于区域内的协作，向各区域管理团队统筹提供利益分配方案；对于跨业务线协作，各业务线之间通过签订合作协议或成立合资公司的方式实现利益的合理分配；对于同一业务线内不同业务单元的合作，则通过"灰色损益"（Grey P&L）考核机制以量化贡献值。

（4）发挥品牌优势，打造共同的企业文化。所谓企业文化，是指企业中长期形成的共同理想、基本价值观、作风、生活习惯和行为规范的总称。它以全体员工为工作对象，通过宣传、教育、培训和文化娱乐等方式，最大限度地统一员工意志，规范员工行为，凝聚员工力量，为企业总目标服务。所有成员均秉承相同的价值理念和相近的行为准则，有利于增强对集团的归属感和对彼此的认同感，从而加强彼此间的协助与合作。各银行集团均十分重视借助本品牌深入人心的"金字招牌"，多维度招揽客户，全方位拓展市场。如汇丰集团在所有开展业务的地区均采用统一的品牌和标识，以统一的品牌和标识凝聚和反映共同的企业文化。

---

① 徐为山：《创造协同效应：国际活跃银行综合经营的经验》，《国际金融研究》2008 年第 5 期。

五、银行集团合理的激励约束机制

合理的激励约束机制是银行集团公司治理的一部分。在激励机制方面，西方银行集团都坚持业绩与薪酬挂钩、即期激励与远期激励并举，通过制定合理的薪酬制度来发挥人在治理中的积极作用。如花旗和汇丰两大银行集团的薪酬体制都非常灵活，充分考虑了所在国家或地区的市场地位和工资水平，以保证总体薪酬水平既能激励和留住现有优秀员工，又能吸引潜在的雇员。两家银行集团均由薪酬委员会的独立董事负责确定董事、经理层的薪酬政策。汇丰控股的股票期权计划占全部工资的比例较大，旨在激励和约束高管人员；花旗集团则以普通股和股票期权的方式支付大部分董事费用和高级管理层的薪酬。为激励员工广泛参与公司治理并为企业创造价值，德意志银行确定了全球持股计划，以激励其分布在全球范围内的员工。德意志银行由监督董事会决定执行董事会成员的薪酬数额及结构。对于执行董事会的报酬，基本工资根据国际同业可比标准产生，奖金则与公司业绩挂钩，并在全部工资构成中占据主要份额。该银行设置中长期激励计划和延期付息股票计划，对执行董事会进行长期激励[1]。

但全球金融危机的爆发充分反映出银行业的高额薪酬过度激励了高风险交易，并驱动了不良绩效文化的产生，因此，各国监管机构陆续对薪酬问题加强了监管。薪酬监管的主要目的在

---

[1] 赵海生：《完善公司治理是我国商业银行迈向国际一流公众持股银行集团的必由之路》，《中国外资》2011 年第 12 期。

于确保银行董事会监督高管层不以牺牲股东利益为代价发放雇员薪酬，并通过建立风险为本的薪酬政策，消除不合理的风险行为，以维护金融稳定和保护消费者利益。如英国前金融服务局于 2009 年 8 月公布的《薪酬准则》，就为商业银行搭建了基于风险的薪酬治理框架。该准则要求薪酬委员会的定薪决策在参考同业标准时不应脱离本机构财务状况和未来预期，并应关注薪酬政策对机构的风险状况、员工行为的影响；要求风险管理和合规部门员工的薪酬应独立于其他业务部门，其绩效指标原则上取决于自身职责目标的实现状况；要求计算员工"奖金池"时应评估机构财务表现，原则上与利润挂钩，并根据当前风险或未来风险加以调整，同时考虑资本和流动性成本；要求银行在设计长期激励方案和股价挂钩激励方案时充分考虑未来风险。

第三节　我国银行集团公司治理中存在的问题

近年来，在我国稳步推进利率市场化的背景下，有实力的商业银行将综合经营作为有效对冲利差收入下降的手段之一，开始投资入股境内外金融机构，并已涉足银行、证券、保险、基金、租赁等行业，银行集团架构已初步搭建。在集团公司治理建设方面，各银行集团也取得了一定成效，但与现实需要相比尚有距离，其存在的具体问题主要表现在以下几个方面。

一、银行集团战略目标及管理模式有待改进

（1）集团整体发展战略有待明晰。银行集团通常每两到三年制定一次业务发展战略规划。规划大多数限于从母银行的角度阐述发展战略、目标任务和具体措施，没有阐明集团整体发展战略和各子公司的发展规划，也未突出集团发展战略中的发展目标、重点行业与地域差异、集团内部的协同联动安排等重要内容。

（2）集团战略管理机制和流程需要厘清。例如，现阶段集团战略发展规划的制定主要采用"自下而上"的方式，而不是首先提出一个集团范围内的目标体系作为指导。忽视集团的顶层设计，就难以确保集团各子公司的发展规划与集团整体的发展战略保持一致。

（3）集团管理安排仍需明确。银行集团的母银行既要负责自身的业务管理，又要负责对子公司的管控。在实践中，母银行的一些部门难以区分这两类职能，或是将这两种角色混淆，对于不同的子公司不加区分地实施相同的垂直化管控方式，导致子公司的自主性相对较弱。同时，部分子公司也缺乏足够专业的风险管控能力和营运管理方式和措施。

二、银行集团母银行对附属机构的管理有待完善

（1）母银行越过公司治理架构和管理权限，对子公司进行管理。对于一些子公司，集团相关部门习惯性地将其视为分公司，有时会不经意地越过公司治理架构和管理权限，直接向子公司的高管层或职能部门提出管理要求。这样既可能形成因对子公

司特定经营环境、背景不了解而导致的不当干预，使子公司的股东会和董事会形同虚设，甚至使得机构隔离和业务隔离的防火墙制度失效，同时也容易引发属地或行业监管机构和小股东的非议甚至诉讼，并对集团声誉造成负面影响。

（2）事业部制还处于探索阶段，母银行业务条线的控制力较弱。①我国银行集团对附属机构的管理主要还是实行层级管理体制，距离并表管理所要求的"集团法人"式的集中管理还有一定差距。一些银行正在探索建立事业部制，还没有实现流程银行建设所要求的"前台专业化、中台统一化、后台集中化"的管理架构。②业务条线对附属机构的并表管理尚处于起步阶段，贯彻推行母银行政策、有效掌控附属机构业务方向和风险状况的能力还相对不足，更难以做到在垂直化管理和给予附属机构合理经营权之间保持恰当平衡。③IT 技术的迅速发展是国际上大型银行垂直化管理变革的重要推动力之一，也是银行集团加强并表管理的有效手段之一。但我国银行集团目前信息系统等基础设施还难以满足并表管理的要求，核心业务系统和风险管理系统没有全面覆盖到所有附属机构，使得业务条线的垂直化管控缺乏有力的信息科技支持。

（3）子公司业务范围比母银行更广泛、更复杂，而母银行缺乏跨行业并表管理的经验。如工商银行 1993 年收购工商国际，中银国际 1998 年成立，交银国际 1999 年成立。这些注册地在中国香港的银行集团全资附属机构，业务范围涉及证券、投资银行、资产管理等，经营非银行业务时间较长。其母银行的业务范围主要是商业银行业务，跨业并表管理经验不足，实施并表管理的业务基础也较为薄弱。

（4）风险集中管控的程度较低，业务条线"第一道防线"的职责有待加强。这种情况在对非银行附属机构的并表管理中体现得尤为突出。具体表现为：①大部分银行集团只是就并表管理的职能分工、对附属机构的限额管理和并表管理报告等提出要求，还没有真正在集团层面对大额风险暴露、内部交易等实施统一的风险管控。对整个集团各类附属机构、各类风险的加总、监测和风险并表管理机制的建设都还处于探索阶段，主要依赖附属机构自身进行风险管控。②由于历史原因以及对跨业跨境业务不熟悉等原因，母银行将一些业务的审批权限几乎完全下放给附属机构。③一些母银行业务部门对自身"第一道防线"的重要作用缺乏深刻认识，对附属机构开拓业务、追求利润过程中的风险也往往重视不够。这些现象表明，集团层面风险管控的集中化程度和力度都有待加强。

（5）母银行对附属机构的业务控制主要依靠"窗口指导"，派驻董事和高管的作用有待充分发挥。一方面，母银行对附属机构的主要经营活动通过董事会进行"窗口指导"，是当前我国银行集团一种比较普遍的并表管理方式，但这种方式下集团对附属机构的业务控制较弱。另一方面，母银行向附属机构派驻的董事对日常风险管理和业务经营的参与度较低，难以进行实质性的并表管理。特别是当派驻人员实施业务控制与东道国监管当局的公司治理要求之间存在冲突并缺乏有效沟通时，派驻董事可能无法落实母银行的并表管理要求。

三、银行集团内部的协同效应有待充分发挥

（1）集团内部协同联动激励机制有待健全。现阶段，绝大多

数银行集团的内部业务联动是依靠相关机构负责人和员工来推动的，业务的协同联动主要发生在联动双方均能实际享受收益的较小领域。当联动部门负责人之间合作不畅，或双方无法在收益分配方面达成一致时，即便业务联动对整个集团有利，附属机构之间可能也难以实现联动。在联动需要较多人力、时间或者费用支出时，由于没有合理的成本分摊和收益分配机制，协同联动的积极性也就难以调动。

（2）集团内部协同的信息共享平台有待建立。银行集团拥有庞大的客户群体、丰富的金融产品、广泛的分销渠道以及强大的信息科技系统，在开展集团内部协同联动方面具有相应的优势。但由于种种原因，上述优势尚未得到充分发挥，集团内部协同所需的客户、产品和服务信息等尚未实现充分共享，协同联动的潜力尚未得到充分挖掘。

（3）集团内部协同联动业务的管理职能有待强化。现阶段，我国银行集团内部协同联动业务的归口管理及职能建设滞后。大部分银行集团的附属和分支机构没有负责集团内部协同的管理部门或岗位，对业务协同的考核激励力度不够，协同只是个别项目的短期行为或者业务人员之间的个人行为，没有形成归口管理部门与业务部门联动的集体优势和实力。

第四节　完善我国银行集团公司治理的建议

我国银行集团公司治理的目的在于形成一体化的公司治理架

构和机制、风险管理架构和运行协调机制，以提高竞争力和促进可持续发展。因此，加强银行集团公司治理，既要完善集团治理架构和机制，引导子公司经营行为与集团战略发展要求相一致，有效利用和发挥集团的整体优势；又要在符合子公司监管要求的基础上，增强集团整体的协同联动能力和集团成员的市场竞争能力，完善各具特点的发展模式，促进集团整体资源配置效率和提升经营绩效。具体而言，应当从以下几个方面着手加强银行集团公司治理工作。

一、明确银行集团的整体发展战略

银行集团整体发展战略是集团对未来发展所做的全局性、长远性的谋划，明确集团发展战略是银行集团公司治理的核心内容[①]。因此，银行集团应统筹考虑银行、基金、证券、租赁、保险等主要业务单元的战略布局，从集团角度制定各机构的发展战略、目标任务和发展措施。集团整体发展战略还应充分考虑到集团资源的统筹配置、行业与区域的发展重点、集团内部的协同联动等关键性问题。

二、完善银行集团的治理架构和机制

完善的公司治理架构和机制是银行集团公司治理的重要内容。银行集团应从以下几方面完善集团的公司治理：

（1）母银行的三会一层应充分履行各自职责，完善集团并表管理的权责安排。主要应关注以下几方面：①母银行董事会应

---

① 钱毅、张春煜、杨才然：《中国大型银行集团公司治理初探》，《金融论坛》2012 年第 12 期。

积极承担集团并表层面有效、审慎管理的最终责任，发挥董事会在战略规划、风险管控、资本管理、业务创新等方面的决策和监督作用，进一步完善各专门委员会的决策咨询功能，不断创造条件以提高董事的履职能力。②母银行高管层负责并表管理的具体实施工作，应承担全面执行集团风险管理和内部控制的责任，并应设置首席风险官统筹集团全面风险管理工作。③母银行监事会应充分发挥监督功能，完善监督制度，提高监督效率。

（2）附属机构应建立与集团总体一致的治理架构，在尊重附属机构独立性的前提下提升集团治理框架的一致性，并推动集团整体治理水平的提升。同时，应根据子公司控股比例、业务规模和类型以及监管法规要求，区分情况，实施差异化的子公司治理。切实加强子公司的董事会建设，建立健全子公司的公司治理机制，并在集团发展战略的指导下，主要依靠子公司自身的治理主体和管理主体来不断提升公司治理和经营管理水平。

（3）应进一步厘清和完善母银行和子公司之间的关系，搭建科学合理的集团公司治理架构，不断完善母银行相关部门对集团公司治理事项的分工协调机制。母银行对子公司的治理，一要科学平衡分权与集权的关系，适当考虑加大集团对子公司和其他机构的授权；二要尽可能注意通过股权管理、财务预算考核、人力资源和薪酬管理等方面的协同，做到对子公司战略部署、重要决策、业绩考核及人员激励的统一；三要在集团层面完善统一管控平台的同时，强调各子公司应在其董事会及管理层的指导下，依据自身实际情况，建立健全相应的治理机制，明确集团总部的管控职能，从组织架构、职能分工等角度进一步推进集团公司治理架构的完善。

（4）应积极探索集团事业部制。要在总结近年来金融机构流程改革的基础上，选择产品和技术相关性强的部门以及综合化和国际化中的新兴业务部门，推进"以客户为中心"的事业部制试点工作。事业部的试点及推广可以成为在子行及控股子公司治理之外的一种集团经营形式，并在相当长的一段时间内允许多种组织形态同时并存、相互补充、相互竞争。

三、推动银行集团加强业务条线的垂直化管控

银行集团应深化业务部门与风险管理部门的合作与沟通，将风险管理关口前移。首先，应增强母银行的业务管理能力，通过完善业务流程管理、加强授权管理、明确报告路线、引入专家队伍等，提升业务条线垂直化管控力度；通过事业部制建设，增强垂直化管控的有效性。其次，应强化母银行业务部门对自身风险所有者和风险回报的认识，推动其承担相应的业务条线风险管理职责，起到"风险所有者"（Risk Owner）的积极作用。再次，应加强业务部门与风险管理部门的沟通与合作，充分发挥各自在业务办理和风险管理方面的专业优势，提高风险并表管理的前瞻性和针对性。最后，应加强信息系统建设，使核心业务系统覆盖到所有附属机构，完善并表管理信息系统，提高并表管理信息报告的及时性、准确性和全面性。

四、强化银行集团的人力资源和财务管理

加强对银行集团人力资源和财务的管理是确保集团战略有效贯彻执行的重要保障，也是实现集团治理精细化、运行管理科学化的基础。具体而言，应关注以下几方面的问题：

（1）构建集团人力资源管理体系。①集团总部应根据附属机构主营业务与集团主体的关联程度，区分不同的管控模式以及集权、分权程度。②应加强对董事、高管等关键人员的规范化管理，包括进一步明确派驻人员的派驻制度、工作职责和权限，建立全面的尽职要求等，以及时掌控附属机构业务风险；应提升对派驻人员的管理水平，改进绩效考核，加强激励约束，以促进其更加积极有效地履职；应与附属机构做好沟通工作，建立清晰的报告路线等。③对附属机构关键人员的管理应是持续性的，应通过具体的岗位、健全的制度、顺畅的机制来实现管理目标。④应充分发挥子公司董事会在重大决策、风险管理、激励约束以及监督等方面的核心作用，以确保管战略、管人和管决策的统一。

（2）加强集团财务管控。①集团应根据其总体战略、子公司所处行业和区域的监管环境等因素，选择合适的母子公司财务管控模式，合理分配母子公司之间的财权。②在集团层面应通过经济资本管理，合理地控制子公司扩张规模，限制资本消耗性业务，鼓励通过调整资产负债结构加快发展，引导集团内的资源及产品的合理配置。③集团为子公司提供的产品研发、系统支持、品牌宣传等服务，应合理分摊计入子公司。

（3）完善集团绩效管理机制。集团对母银行和附属机构的高管层、中层人员和普通员工，应建立不同层次的激励与约束机制。①应完善董事、监事和高管人员的绩效考评制度，以促进公司治理水平不断提高，督促董事、监事、高管层提高履职尽职能力。②可考虑引入长期激励机制，通过股票期权等激励办法，招揽优秀人才并留住内部骨干，共同提升公司业绩。③应继续完善考核制度和体系。考核指标应以经济利润为核心，加强成本控制，服从集团发展战略和业务转型需要，兼顾条与块的利益关系。④在明确集团层面薪酬治理和绩效考核制度的基础上，各子公司应形成符合行业特点和监管要求的薪酬激励政策，其薪酬机制应能够传导母银行对子公司的考核激励、风险平衡等因素。⑤在集团考核中对业务联动应给予重视，将奖励的规模与联动业务规模和成效挂钩。

五、构建银行集团的内部共享平台

银行集团内部业务联动应服务于集团的总体战略目标，要以财务预算集团化管理为导向，以业务联动绩效考核机制为手段，搭建并完善集团内部共享平台。

（1）共同销售平台。在健全母子公司防火墙制度基础上，母银行应推进集团客户和渠道的共享，建立集团内部统一客户视图、销售战略规划、混合产品开发规划、交叉销售管理考核办法以及销售人员管理培训制度；应引导鼓励各子公司协同发展，促进产品交叉销售和降低集团经营成本。

（2）风险管控平台。母银行承担着集团并表管理的责任，也是集团风险管理的平台。因此，在集团层面应加强风险管控，强化资本约束，推进子公司风险管理体系建设；应进一步梳理集团内风险管理工作机制和汇报路线，形成母银行与各子公司的风险隔离机制和防火墙制度，有效防范子公司风险在集团中的传导和放大。

（3）信息科技平台。银行集团中每一个子公司的运转和业务开展状况都影响着整个银行集团的效益。因此，应在集团范围

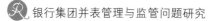

内进一步搭建标准统一、覆盖面广、稳定可靠的跨业务、跨地区的信息交换平台和共享机制，以提高信息资源共享效率，提升集团信息化程度和精细化管理水平。

（4）集团监督平台。母银行作为各子公司的股东，应统筹审计、法律、内控、人事等监督资源，在符合公司治理原则的前提下，对各子公司执行集团战略、经营绩效、风险防范以及激励约束机制等情况进行评估和指导。集团监督应特别注重服务于集团的整体发展战略，避免因监督流于形式或过度管控，而影响子公司的竞争力。

第四章 银行集团资本管理问题研究

　　银行的资本是银行自身拥有的或能永久支配、使用的资金，目的在于防范商业损失、确保公众信心，从而保护存款者和一般债权人的利益不受损失。对于银行集团而言，复杂的组织形式决定了其对资本管理和资本监管的要求应当比单体银行更高更严。银行集团的资本管理是指银行集团确定其抵御经营风险所需要的资本，并充分利用资本工具和资本管理技术提高资本的管理和配置效率。银行集团的资本监管是指监管机构需要确保银行集团内各个被监管主体具有足够的资本，并采取一定的措施以防止同一资本在集团内多个实体之间被重复计算。银行集团的资本管理和资本监管涉及两个关键问题：一是集团层面资本充足性的评估；二是如何主动管理集团的资本。本章将对这两个问题进行研究。

第一节 银行集团资本充足性的评估

　　资本充足性代表了金融机构自身抵御流动性风险的能力，是衡量银行经营安全性的重要指标。银行集团内部机构众多，且存在交叉持股、相互持有监管资本等情形，因此对其资本充足性的评估相较于单体银行更为复杂。在评估集团的资本充足性时，涉及集团内部机构是否纳入资本并表计算范围和对资本重复计算的处理等问题。

在银行集团中，资本可分成四类：一是来自集团外部投资者的资本。此类资本可以起到抵御系统性风险的作用。二是代理资本。对于从事租赁、保理、再保险等非银证保业务的受监管集团附属机构，可使用代理资本方法，套用业务最相近的受监管行业的监管要求计算资本。如再保险公司可套用保险公司的资本监管要求计算资本。三是由集团内部各实体间相互投资或交叉持股而形成的杠杆资本。这部分资本只能传递风险，不能起到缓冲风险的作用，在计算集团资本时应当予以扣除。四是不可在集团成员间调剂的资本。在实际操作中，由于监管部门对资本做出的不同定义，或受法律、税制、外汇管制及其他股东权益等因素影响，一些资本在计算集团资本时无法合法有效地在成员之间进行调剂。例如，保险监管部门认可但银行监管部门不认可的资本就存在这样的问题。因此，在评估集团资本充足状况时，此类资本也应予以扣除。

一、资本充足性评估的国际标准及原则

作为金融集团监管的国际组织，联合论坛对金融集团的资本充足性问题十分重视。2012 年版《金融集团监管原则》从金融集团资本并表的范围、防止资本重复计算、防止债务转移等方面做出了规定（见表 4-1）。2001 年 7 月联合论坛发布的《联合论

坛文件纲要》（Compendium of Documents Produced by the Joint Forum）提出了五条衡量金融集团资本充足性的指导原则，分别是避免资本重复计算原则、防止债务转移原则、中间控股公司参股处理原则、非受监管实体资本评估原则及集团内资本适当分布原则。根据上述原则，集团的资本充足性评估应当考察和防止以下几种情形。

表4-1　2012年版《金融集团监管原则》有关资本充足性评估的规定

原则	主要内容
原则16	监管机构应要求金融集团的资本充足性评估考虑集团范围的风险，包括集团内未受监管的附属机构的风险，评估应妥善处理第三方参与者及少数股东的权益
原则17	监管机构应要求金融集团资本充足性评估和计量考虑双重或多重杠杆效应
原则18	监管机构应要求资本充足性评估和计量技术能够解决过度杠杆和母公司发债注资子公司的问题
原则19	监管机构应要求金融集团资本评估和计量技术能够评估集团内部资本转移的限制，并须考虑这些潜在限制可能对此类资本是否应当纳入集团资本评估产生的影响

资料来源：根据相关法律文件整理。

（1）避免资本重复计算，即防止集团内部两个或两个以上实体用同一笔资本金抵补风险。分业度量资本的方法是针对单体金融机构设计的，在金融集团的结构下这种度量方式并不可靠。这是因为在集团中，即使每个金融机构都能满足该行业单一监管的资本要求，但在集团层面的真实资本水平可能是不足的。特别是当集团内两个实体相互持有监管资本或交叉持股时，更容易导致资本不足。第一，当集团内的两个实体相互持有对方发行的监管资本时，两笔交叉持有的资本都不能被视为从集团外部所筹集的资金。为了保证集团层面上资本的真实性与有效性，在对集团整体资本充足性进行评估时，应将集团内部实体相互持有的监管资本予以扣除。第二，当集团内两个实体交叉持股时，可能会导致某个实体的金融风险以更快的速度向集团内的其他实体渗透，这部分"杠杆资本"只能传递风险，不能缓冲风险，更不能抵御连锁性的冲击。所以，计算集团资本时也应当扣除内部持股带来的该部分杠杆资本。

（2）防止债务转移，即防止受监管附属实体帮助母公司偿还债务，导致附属实体杠杆率过高。当集团母公司发行债务，并将资金以股权或其他监管资本的形式注入附属实体时，该附属实体的实际杠杆可能大于单独计算时的杠杆。虽然这类杠杆不一定是不安全或不稳健的，但如果过度使用此类杠杆则会对附属实体构成潜在的风险。例如，如果受监管实体须向母公司支付红利，以帮助母公司偿还债务，则受监管实体会承担过度的债务压力。

（3）防止不受监管的控股公司带来的双重或多重杠杆效应。某些金融集团通过设立中间层次的非金融控股公司对金融机构持股①，同样会扩大资本重复计算的规模。因此，在计量集团整体资本充足性程度时，应能有效地消除中间控股公司的影响，并得出与中间控股公司不存在时同样的结果。

（4）对于集团内未受监管实体的资本评估，可采取的处理方法包括代理资本或资本扣减。当银行集团内部存在未受监管实体时，若该实体资本不足，即使其他附属机构的资本均符合各自的法定资本要求，但就整体而言，集团资本也是不足的，会对其附属机构造成潜在的风险。因此，集团资本评估应涵盖集

---

① 此类的中间控股公司持有附属公司的股份，只为集团提供一些中介性的服务，不直接参与集团的运作。其唯一的资产是对子公司的投资，而且其所控制的股权也是有限的，并不占绝对的数额。所以，此种类型的控股公司与集团的母公司是存在本质差别的。

团内所有实体，包括受监管实体和未受监管实体。对于集团内从事类金融业务（如租赁、再保险业务等）的未受监管实体，监管者应根据业务的性质来选择相应的资本计量方法以评估资本充足性。例如，监管者对于集团内再保险公司的资本评估，可使用代理资本的方法。

（5）对集团资本充足性进行评估时，应妥善处理非全资子公司的资本。联合论坛认为，在对非全资子公司的资本完全并表时，应对集团的总资本做适当的处理，否则可能会高估集团所能支配的自有资本。第一，当集团入股受监管子公司既不会产生控制权，也不会有重大影响时，集团对该子公司的投资应视为对集团外类似公司的投资，并依据单独监管者规则（Solo Supervisor's Rules）来进行资本充足性的评估。这种方法通常适用于集团拥有子公司股权比例低于20%的情况。第二，当集团拥有受监管子公司股权超过一定比例，从而获得部分控制权时，只有按比例分配的控制资本超出子公司的监管资本要求的差额，才能被用于弥补母公司或集团内其他实体的风险所造成的损失。第三，当集团拥有子公司多数控制权或能够对子公司产生重大影响时，在集团资本评估时必须对该参股进行充分的并表，且应将少数股东的权益与集团股东的资本分开。

二、银行集团资本充足性评估的方法

银行集团并表资本充足率的计算与单体银行资本充足率的计算方法是一致的，但集团资本充足率的计算需要考虑资本重复计算和跨行业资本计算等问题。银行集团通过度量整个集团的资本水平，获得各个机构和集团偿付能力的准确信息。在评估集团资本时，集团和集团层面监管者都应建立一个概念，即只有外部投资者（非集团内的投资者）提供的资本才对整个集团有支持作用，可算作集团资本，而对于集团内双重或多重计算的资本应当予以扣除。根据联合论坛1999年版和2012年版《金融集团监管原则》，评估银行集团资本充足性有四种方法。

（1）分块审慎法。该方法是将银行集团全部并表资本与每个集团成员监管部门要求的法定资本的总和相比较，以确定集团资本的富余或不足；对于未受监管实体，则使用代理资本。其计算步骤为：第一，将合并资产负债表和表外业务分成银行、保险、证券和未受监管实体，分别进行计算。第二，计算每个受监管实体的法定资本要求（对于非银行、证券、保险业务，可以使用代理资本），并将每个集团实体实际持有的资本与单个企业的法定资本要求进行比较，从而计算出每个实体是否存在资本缺口。如果存在资本缺口，则以可调剂的资本进行弥补。第三，加总每个受监管实体的法定资本要求和未受监管实体的代理资本要求，并将总数与整个集团实际持有的资本相比较，从而确定集团资本是否存在富余或不足的情况。分块审慎法的特点是，允许资本盈余和赤字在集团内部进行综合平衡，某一类业务的资本盈余可以用来弥补另一类业务的资本赤字。当母公司的金融业务在集团中占优势地位时，适合使用该方法。

（2）基于风险的加总法。该方法适用于监管者无法获得集团合并的资产负债表或在非合并报表中更容易计算法定资本金的情况。其计算步骤为：第一，分别加总集团母公司与子公司的资本（或代理资本）要求和实际持有的资本。第二，再分别从中扣除母公司投入子公司的资本和不可转移的项目。第三，将总的资本（或代理资本）要求与集团总资本相比较，以确定集团资本的富余或不足的状况。

（3）基于风险的扣减法。该方法与基于风险的加总法类似，也是适用于监管者无法得到集团合并报表的情况。但它主要是从母公司的视角去审视子公司的资产负债情况，并允许以一个实体的资本盈余去弥补另一实体的资本不足。其计算步骤为：从母公司的账户开始，第一，把母公司对子公司的投资从母公司的资本中扣除；第二，加上经过调整的资本，以及每个子公司资本的富余或不足的数额；第三，从调整后的资本中扣除母公司单独的资本要求；第四，从集团角度得出资本富余或不足的数额。

（4）总体扣减法。该方法采取全部扣除母公司在子公司的所有投资的账面价值的方法进行计算。一些监管者还希望从母公司的自有资本中扣除子公司的资本不足额。换言之，在使用该方法时，监管部门对母公司的投资评价为零或为负值。其计算步骤为：第一，把对子公司的投资完全从母公司的资本中予以扣除；第二，加上子公司的单独的资本富余或不足；第三，把调整过的资本与母公司单独的资本要求相比较，得出母公司的资本富余或不足状况。

联合论坛强调，上述方法可由各国监管机构根据具体情形酌情选用。具体采取哪一种方法计算更为合适，取决于银行集团的结构以及监管信息的充足性等状况。

三、我国关于银行集团资本并表的规定

资本并表是指银行集团根据各国监管规定进行并表资本充足率计算。我国对于银行集团资本并表的有关规定，主要体现在《商业银行资本管理办法（试行）》（以下简称《办法》）之中。《办法》对我国银行集团不同类型附属机构、全资和非全资附属机构的资本计算方法做出了详细规定（见表4-2）。

表4-2 《商业银行资本管理办法（试行）》对资本并表的规定

第十二条	商业银行计算并表资本充足率，应当将以下境内外被投资金融机构纳入并表范围： （一）商业银行直接或间接拥有50%以上表决权的被投资金融机构 （二）商业银行拥有50%以下（含）表决权的被投资金融机构，但与被投资金融机构之间有下列情况之一的，应将其纳入并表范围： 1. 通过与其他投资者之间的协议，拥有该金融机构50%以上的表决权 2. 根据章程或协议，有权决定该金融机构的财务和经营政策 3. 有权任免该金融机构董事会或类似权力机构的多数成员 4. 在被投资金融机构董事会或类似权力机构占多数表决权 （三）其他证据表明商业银行实际控制被投资金融机构的情况 控制是指一个公司能够决定另一个公司的财务和经营政策，并据以从另一个公司的经营活动中获取利益
第十三条	商业银行未拥有被投资金融机构多数表决权或控制权，具有下列情况之一的，应当纳入并表资本充足率计算范围： （一）具有业务同质性的多个金融机构，虽然单个金融机构资产规模占银行集团整体资产规模的比例较小，但该类金融机构总体风险足以对银行集团的财务状况及风险水平造成重大影响 （二）被投资金融机构所产生的合规风险、声誉风险造成的危害和损失足以对银行集团的声誉造成重大影响
第十四条	符合本《办法》第十二条、第十三条规定的保险公司不纳入并表范围 商业银行应从各级资本中对应扣除对保险公司的资本投资，若保险公司存在资本缺口的，还应当扣除相应的资本缺口
第十五条	商业银行拥有被投资金融机构50%以上表决权或对被投资金融机构的控制权，但被投资金融机构处于以下状态之一的，可不列入并表范围： （一）已关闭或已宣布破产 （二）因终止而进入清算程序 （三）受所在国外汇管制及其他突发事件的影响，资金调度受到限制的境外被投资金融机构 商业银行对有前款规定情形的被投资金融机构资本投资的处理方法按照本办法第十四条第二款的规定执行

《办法》规定，对于银行集团不同类型的附属机构，资本并表的范围是：被投资机构如为保险公司或非金融机构，不纳入资本并表范围；被投资机构如为保险公司之外的金融机构，如被母银行控制或者持有50%以上表决权或者具有重大风险影响，应纳入资本并表范围；资金调度受到限制的被投资金融机构可不纳入资本并表范围。

　　《办法》规定，对于银行集团纳入合并范围的附属机构，资本并表应遵循以下原则：一是由非全资子公司直接发行的且由第三方持有的少数股东的资本可以部分计入监管资本。二是附属公司核心一级资本中少数股东资本用于满足核心一级资本最低要求和储备资本要求的部分，可计入并表核心一级资本。最低要求和储备资本要求为下面两项中的较小者：①附属公司核心一级资本最低要求加储备资本要求；②母公司并表核心一级资本最低要求与储备资本要求归属于附属公司的部分。三是附属公司一级资本中少数股东资本用于满足一级资本最低要求和储备资本要求的部分，扣除已计入并表核心一级资本的部分后，剩余部分可以计入并表其他一级资本。最低要求和储备资本要求为下面两项中的较小者：①附属公司一级资本最低要求加储备资本要求；②母公司并表一级资本最低要求与储备资本要求归属于附属公司的部分。四是附属公司总资本中少数股东资本用于满足总资本最低要求和储备资本要求的部分，扣除已计入并表一级资本的部分后，剩余部分可以计入并表二级资本。最低要求和储备资本要求为下面两项中的较小者：①附属公司总资本最低要求加储备资本要求；②母公司并表总资本最低要求与储备资本要求归属于附属公司的部分。

对于银行集团未纳入合并范围的股权投资，资本并表应遵循以下原则：一是风险加权资产。计入风险加权资产的未并表股权投资主要是对工商企业的投资。根据不同情况，风险权重分别为 400% 和 1250%。二是对未并表股权投资采取扣减资本处理。①商业银行应从各级资本中对应扣除对保险公司的资本投资，若保险公司存在资本缺口的，还应当扣除相应的资本缺口。②对未并表金融机构的小额少数资本投资，合计超出本银行核心一级资本净额 10% 的部分，应从各级监管资本中对应扣除。小额少数资本投资是指商业银行对金融机构各级资本投资（包括直接投资和间接投资）占该被投资金融机构实收资本（普通股加普通股溢价）10%（不含）以下，且不符合《办法》第十二条、第十三条规定的资本投资。③未并表金融机构的大额少数资本投资中，核心一级资本投资合计超出本行核心一级资本净额 10% 的部分应从本银行核心一级资本中扣除；其他一级资本投资和二级资本投资应从相应层级资本中全额扣除。大额少数资本投资是指商业银行对金融机构各级资本投资（包括直接投资和间接投资）占该被投资金融机构实收资本（普通股加普通股溢价）10%（含）以上，且不符合《办法》第十二条、第十三条规定的资本投资。

第二节　银行集团主动资本管理

银行集团规模的发展及其资本需求均会受到来自不同方面的

约束，其规模不可能无限制地扩张，资本需求也不可能无节制地从市场得到满足。银行集团的资本约束主要来自监管资本、资本市场融资、资本回报等方面的约束。因此，对业务发展的长期资本需求进行规划，并选择适当的融资工具进行融资，对银行集团而言是十分重要的。

2012 年版《金融集团的监管原则》指出，监管机构应要求金融集团建立审慎、健全的资本管理政策和制定实施流程；应要求金融集团通过严格的、经董事会批准的、全面的和正式成文的流程对其资本进行主动管理，以确保集团及其附属机构保持充足的资本；应要求在资本规划中明确在资本低于或预期将低于内部资本目标时，管理层应采取的行动。

一、银行集团的资本管理模式

包括银行集团在内的金融集团，其资本管理模式可分为两种，即资本集中式管理模式和资本分散式管理模式。这两种资本管理模式的区别在于集团附属机构的资本是否在母公司层面进行集中管理。联合论坛基于对国际领先金融集团资本管理实践的总结，于 2012 年 2 月发布了《关于金融集团内部支持措施的报告》。该报告对金融集团集中式和分散式资本管理模式进行了比较。

1. 资本集中管理模式

大部分金融集团选择资本集中管理模式，即通过集团司库集中统一管理包括母公司和附属机构在内的全集团资本。该模式具有以下特点：①资本集中管理模式能提高集团整体的资本管理效率。资本需求通常是由内部风险模型、监管主体和评级机构在并表基础上共同确定的。在集团通过融资满足整体资本需求的过程中，集中管理模式有助于效率的提高。②资本集中管理的方式存在差异。有些金融集团在集团层面进行资本集中管理，资金由母公司募集并注入子公司，子公司产生的超额资本（Excess Capital）也将回流母公司（除非依据当地税务或资本监管要求被强制留存），以实现集团范围内的资本利用最大化；也有些金融集团在区域层面对该地区的附属公司进行资本集中管理。③金融集团均基于"长臂原则"（Arm's Length Basis）管理子公司的资本，即除非集团批准，否则子公司不得依靠集团内其他附属公司，而应自行对资本进行管理。金融集团按照子公司所在地的监管要求，将集团的核心资本分配给子公司，子公司则利用这些资本产生合理的回报。④金融集团一般通过集团的司库具体实施资本的集中管理。司库依据监管标准和经营需要，制定境内外附属公司的资本计划和偿付能力目标。附属公司的资本计划应与集团的资本计划保持一致，并受到集团司库的监督。⑤集团的资本管理流程（如子公司之间的资本流动控制）保证了集团可以通过对内外部资本流动的管理和控制，优化对资金的利用并降低税收支出。⑥资本集中管理的不足之处在于，一家子公司的融资状况恶化可能会传染到整个集团。

德意志银行采用的就是主动管理资本的策略。在集团内部，每年由各附属机构提出资本需求，集团母公司根据总的资本状况，对各附属机构资本进行分配，最大化地利用资本；附属机构如果申请更多资本，需要达到的利润也会相应增加；母公司可以对附属机构进行资本补充，在附属机构之间进行资本调配。

2. 资本分散管理模式

与集中式资本管理模式相对应的是分散式的资本管理模式。在该模式下，一是附属公司可以从各自的市场融资，而不是使用集中性的资源。虽然融资成本可能更高，但是它提供了融资的多样性与清晰的债务成本。二是附属公司能够建立健全资本和流动性定价机制，不易受到非理性的集团资金分配决策的影响。三是可避免子公司在其他方面（如风险管理和战略决策）过分依赖母公司的情况。四是当为了防止风险扩散而必须隔离附属公司，或者需要将附属公司售出以获利时，该模式下的附属公司更容易脱离集团。

二、银行集团的融资策略

银行集团一般制定融资规划的重点是：①制定总体的业务规划和财务计划。董事会和管理层必须确定将来的发展模式，包括主要发展的业务种类和经营特色、业务规模、拟向客户提供的服务和产品组合以及今后的盈利能力。同时，银行集团还必须将资本规划与今后的业务发展战略紧密结合。②设定发展目标，确定合理的资本总量。金融市场认为，过多的资本将削弱盈利潜力和股票价值，会造成投资者预期收益顾虑；太少的资本将使市场投资者认为盈利不稳定，存款人可能面临收不回资本的危险，从而导致股票价格下跌，进而使集团融资成本提高。③确定内部资本补充能力。集团董事会必须确定当前和今后向股东分配利润的比例，留存利润用以支持业务增长和满足机构资本要求的比例，预测核心资本的内部补充能力。通过上述工作，充分估计内部资本再生和补充能力，确定外部融资缺口。

④评估和选择最佳的资本工具和融资时间。

三、银行集团母银行的资本补充工具

资本补充是银行集团扩张过程中的一项重要任务，银行集团的母银行和附属机构应实现监管资本的自给自足。其中，母银行作为银行集团最重要的组成部分，需要根据《巴塞尔协议》的有关规定，保持资本的充足。母银行的资本既包括权益资本，还包括一些长期负债。根据《巴塞尔协议》的规定，只有符合标准的部分才能作为计算资本充足率的资本。因此，选择运用资本工具是银行集团融资的关键问题。

一般情况下，将银行的资本来源分为内部资本来源和外部资本来源两大类。内源融资的主要资本来源是留存在企业内未支付给股东的利润。内源资本筹集的优点是不依赖资本市场，因而融资成本较低，避免了所有权和每股收益的稀释。在资本市场发达的国家和地区，银行通过资本市场实施外源融资较为普遍，主要包括优先股、可转债等。但是，外源融资相比内源融资存在较多的约束条件，融资成本也会大幅提高，因此必须科学规划外源融资的规模、方式、频率，以提高融资的效率。

1. 国际大型银行资本补充工具创新方式

近年来，为应对监管变化，国际大型银行普遍加强了资本工具创新。《巴塞尔协议Ⅲ》的资本定义和各国的资本监管办法均规定，核心一级资本主要包括普通股权益和留存收益，这就使得银行难有创新空间。对于其他一级资本和二级资本工具，《巴塞尔协议Ⅲ》虽提高了它们的质量和吸收损失能力的要求，但并不排斥其债权属性，只要满足其资本定义中所要求的标准，就可以被认定为合格的资本，这就给银行补充资本留下了空间。

《巴塞尔协议Ⅲ》和各国资本监管规定对于其他一级资本和二级资本工具的新要求，主要体现在必须含有减记或转股条款。国际大型银行积极应对监管变化，在传统资本工具上进行合同条款的修改和创新，发行能减记或转股的债务工具，尤其是发行具有债券和股票双重特征的或有混合资本债。这些工具在正常市场环境下显示出债券特征，在触发事件发生时又表现出股票特征，既可满足高质量的资本要求，又可吸引广大固定收益投资者，从而减少发行失败的风险。

国际大型银行发行的新型一级资本工具分为可减记的一级债券资本工具、可转股的一级债券资本工具、无累积可转化优先股等。其主要特点为永续、票息较高，被减记或被转股的触发条件明确。多数银行把核心一级资本充足率小于5.125%，或普通股核心资本充足率小于7%，或合同规定的企业生存能力丧失作为减记或转股的触发条件。

国际大型银行发行新型二级资本工具的主要目的是增加银行的二级资本，在银行面临不可持续经营危机时能按次序转化为核心一级资本，帮助银行在最危急时提高资本充足水平，避免发生倒闭、被接管、被收购、被政府注资的情形。新型二级资本工具大体分为可减记二级资本证券和可转股二级资本证券，主要由次级债和混合资本债构成，基本特点为非永续、至少5年以上期限、可减记或可转股，一般选择在企业生存触发点转换为股份或本金减记，在一定期限后可赎回，票息通常比一级资本工具低。

2. 我国银行集团母银行资本补充工具创新的方向

根据《商业银行资本管理办法（试行）》（以下简称《办法》）相关规定，核心一级资本工具是明确列示的，可创新的空间不大。因此，我国银行集团母银行应重点加大其他一级资本和二级资本工具的创新与发行。其他一级资本工具创新的主要方向是发行优先股和含有减记或转股条款的一级资本债券；二级资本工具创新的主要方向是发行可减记次级债券、可减记混合债券、可转换资本债券及二级可转换或有资本工具等。

（1）优先股。优先股是发达国家资本市场中常见的融资工具。它不仅为公司提供了重要的融资方式，而且为注重现金股利、希望收益稳定、风险偏好较低的投资者提供了更多可供选择的投资渠道。优先股期限永续的特征能够满足其他一级资本没有固定到期日的要求；在一定条件下可转换为普通股的特征能够满足其他一级资本转股条款的要求。这使得优先股可作为合格的其他一级资本工具。

（2）可减记永续资本债券。它是商业银行发行的期限永续、一定年限后可赎回、触发条件出现后可部分或全额减记以吸收损失的一种资本工具。期限永续、含有可减记条款等特征使可减记永续资本债券符合其他一级资本工具的要求。我国银行集团母银行可借鉴永续资本债券发行的国际经验，设计符合我国监管规定的可减记一级资本债券。

（3）可转换一级资本工具。它兼具债权和股权两种性质，在触发条件不发生时作为普通债券获取固定利息，当触发条件出现后转换为普通股票从而具有股权性质。由于可转换一级资本工具附有一般债券所没有的选择权，其利率一般低于普通公司债券利率，发行有助于降低融资成本。可转换一级资本工具是《巴塞尔协议Ⅲ》实施后国际大型商业银行发行较多的一种资本工具。我国商业银行之前发行的可转换债券的转股权利在投资者手中，投资者可根据商业银行盈利情况、转股条件等自愿决定是否转换为普通股；但这类可转债没有强制转股条款，不符合《办法》规定的合格资本工具标准。根据《办法》的转股条件要求，银行可以发行新型可转换债券。该债券附有企业生存能力触发条件出现后强制转股和投资者自愿转股相结合的条款，符合二级资本工具的合格标准。新可转换债券在债券存续期间，投资者可以自愿选择是否转股，一旦触发条件出现，必须按照合同规定全部转换为普通股。

（4）次级债。发行次级债的优势包括：①融资方式比较灵活，发行方式也比增发、配股、可转债发行等更为方便，所受限制更少。②发行次级债有利于保障股东收益水平，不会稀释银行税后利润，有利于股东投资回报水平的提升。③相对于股票融资，次级债成本较低。次级债长期以来都是我国商业银行补充附属资本的主要工具，但根据《办法》的规定，目前银行发行的次级债将不再符合二级资本合格标准，因为部分次级债采取累进利率定价，含有利率跳升机制，且不含有减记或转股条款。因此，取消累进计息方式，设计附加减记条款的次级债将符合二级资本合格标准，可成为银行二级资本工具创新的主要方向。

（5）混合资本债。其对于发行人而言，具有股本的某些特征，可以计入附属资本；对于购买者而言，它又是一种特殊的债券，发行人须按约定还本付息。作为非权益资本的混合资本工具，其具有增加金融机构的经济资本、均衡资本结构、降低融资成本和增加市场中长期投资品种且利率相对较高等优点。目前，我国商业银行发行的混合资本债券不符合《办法》的监管要求：该类债券一方面没有减记条款，另一方面若 10 年后未赎回，可提高债券利率一次，含有利率跳升机制。因此，银行可考虑对目前发行的混合资本债券进行如下创新：①附加减记条款，如触发条件出现，本金一次性全额减记；②不再采用累进利息计息方式，以避免含有利率跳升机制；③修改利息延期支付条件，将之前的核心资本充足率低于 4% 的延期支付条款，修改为核心资本充足率低于最低监管标准（8%）的延期支付条款。

根据我国目前的法律法规、监管政策及债券市场环境，有些新资本工具发行仍存在较大障碍。我国银行集团母银行应加强各种资本工具发行的可行性研究，按照先易后难的原则，优先选择较为成熟的资本工具，确定资本工具创新发行的具体实施路径。

第三节　加强我国银行集团资本管理的建议

加强银行集团的资本管理是集团管理者面临的一个重要问题，因为集团内部复杂的结构体系使得有效管理集团内部资金流转的难度上升。根据国际经验，银行集团应建立集团资本管理制度体系，从整体层面对不同风险暴露的资本占用情况进行评估和计算。母银行的资本管理部门应在集团层面进行全面的资本规划、资本评估、资本计量和管理，监测附属机构的资本充足状况，并关注集团资本重复计算、内部资本转移限制等问题。

一、明确银行集团资本管理制度及其覆盖范围

（1）银行集团资本管理政策、制度的制定应全面考虑并覆盖证券、保险、信托、租赁等非银行附属机构的偿付能力、净资本等监管资本计算和资本管理要求。集团及其并表附属机构应逐步建立经济资本体系，并根据附属机构的行业特点、资产规模、管理状况等因素，充分考虑不同业务的差异性，结合监管要求、母银行管理能力和实际需要，逐步将并表附属机构纳入集团经济资本管理体系予以管理，进行经济资本计量、分配、监控和考核。

（2）银行集团应建立清晰而有效的资本管理政策框架，并通过资本管理政策、制度和流程规范资本管理活动。第一，集团应制定集团层面的资本管理政策，明确各相关部门的角色分工与职责，确保并表管理的各项职责得到有效实施。第二，集团的资本管理政策应经董事会批准并定期审查，还要包括明确的资本规划流程。集团应通过严格的、经董事会批准的、全面的和正式成文的流程对其资本进行主动管理，以确保集团及其附属机构保持充足的资本。第三，集团各并表管理附属机构应根据集团政策制定自身的资本管理政策、制度。

（3）银行集团应对附属机构的资本管理政策、制度进行审核，增进资本管理制度层面的协调性。

二、避免银行集团层面资本的双重或多重计算

银行集团对内、对外资本投资的处理应符合监管要求，避免资本的双重或多重计算。集团应采取措施防止内部机构出现监管套利行为。

（1）银行集团应明确对各并表附属机构的资本投资处理方法。集团对集团内部附属机构的资本投资和未并表的对外资本投资的处理方法应符合监管要求。监管部门应明确银行集团资本充足率的各种计算方法，并使用那些最能识别金融混合体所承担的风险性质的方法，或使用那些最能识别与特定金融混合体结构有关的潜在弱点的方法。

（2）银行集团进行资本充足率计算与评估时，对资本工具的处理应审慎、合规，避免资本的双重或多重计算。第一，集团针对内部交叉持股机构，应审慎辨识资本双重或多重计算的潜在可能，避免资本的重复计算。第二，集团应对附属机构之间相互持有的资本工具进行确认，其处理应审慎、合规。第三，集团应对母公司通过发行债务或其他资本工具筹资，并以股权或监管资本形式注入附属机构的行为进行审核和记录。

（3）银行集团在进行资本管理时，应根据集团与附属机构之间、各附属机构之间业务的性质、风险承担实质和风险转移实质确定其应当承担的资本，避免监管套利，并采取措施对相关业务进行审查。

（4）银行集团应加强对附属机构资本投资处理的管理。第一，各并表附属机构的资本投资处理须与股权变动信息一起纳入定期管理。第二，负责监管资本管理的部门需要对资本的来

源、用途及并表处理方式建档和定期监测。第三，在对资本的来源、用途及并表处理方式建档和定期监测的过程中，需对母公司通过债务筹集资金转入附属机构进行股权投资的行为进行审核和追踪。

三、健全和完善银行集团层面的资本规划与配置

银行集团的资本规划应与集团风险偏好、经营战略相适应，应全面覆盖集团所有并表管理的附属机构，综合考虑各类风险及其对资本的影响，并设定资本目标。

（1）银行集团的资本规划活动应基于集团经营规划和风险战略展开，其资本规划流程应考虑集团范围的风险轮廓和风险偏好、重要附属机构及其已暴露的相关业务风险等对集团资本状况可能造成的负面影响。

（2）银行集团应根据风险分布情况，为集团内各不同实体配置充足的资本。当集团对受监管实体的股权投资尚不足以施加控制权或重大影响时（通常标准是参股比例低于20%），集团只需参照相应监管部门的要求评估受监管实体的资本充足性。当集团通过对受监管实体的参股获得部分控制权或重大影响力时（通常标准是参股比例介于20%~50%，其中有表决权的参股比例超过20%，有权当选董事并参与制定业务发展计划），集团可按参股比例调剂受监管实体的资本余缺。当集团对受监管实体的股权投资达到可实施有效控制或符合公司法对母子公司关系的界定时（通常标准是参股比例超过50%），集团可选择完全并表法或比例并表法来评估集团整体资本状况，并为受监管实体配置充足的资本。

（3）银行集团制定的资本规划流程应能识别和计量所有具有潜在资本需求的重大风险，无论是表内业务风险还是表外业务风险，或集团内未受监管实体的业务和风险敞口，都应予以考虑。除考虑集团单个机构的风险外，资本规划流程还要考虑加总风险，并预测可能的资本需求。

（4）银行集团制定的资本规划流程应在充分评估内外部因素的基础上，审慎设定与风险敞口规模和类别对应的资本充足性目标，同时考虑集团战略重点和经营计划。集团的资本规划应与附属机构就其增长状况预期进行充分沟通，达成一致，并形成量化的内部资本目标。

（5）银行集团应将集团范围的压力测试引入资本规划过程之中。第一，集团的资本规划应围绕内部资本目标，明确在正常情况和压力情境下达到并保持目标水平的切实可行的计划。该计划应包括对可能的不达标情况的预警管理程序。第二，集团应在资本规划过程中对当前和未来的宏观经济环境和业务开展状况进行预测，并充分考虑当前和可预测的商业和宏观经济环境；应采用前瞻性的压力测试识别可能发生的事件或市场状况的变化，并评估其给集团及附属机构的资本状况带来的不利影响。第三，集团应识别可能对集团以及附属机构资本状况造成不利影响的事件或市场环境变化，以其为基础设计并开展前瞻性的压力测试。第四，集团的资本规划应将压力测试结果纳入考虑，根据压力情景下资本供给和资本需求的变化调整资本规划。

四、加强对银行集团和附属机构资本充足率的管理

（1）加强对银行集团和附属机构资本充足率的管理。第一，

应确保集团风险加权资产框架能覆盖到集团层面所有的银行类附属机构。第二，对不在风险加权资产框架覆盖范围内的附属机构主要是非银行类附属机构，集团应对其净资本计算系统和流程进行验证梳理。第三，应要求各并表附属机构定期计算资本充足率，并制定其目标资本充足率。第四，应要求各并表附属机构实现监管资本的自给自足，并将其纳入风险偏好。第五，对集团范围资本充足率的评估，需要明确对于资金在集团内部的有效转移是否存在或有潜在障碍。

（2）健全对银行集团附属机构股息分配和资本工具的发行、赎回和回购的管理。第一，集团需要完善对各并表附属机构的股息分配、资本工具的发行、赎回和回购的过程中集团应有的审批权的界定。第二，集团要求附属机构所做的资本充足率的预测需要在考虑到预期的股息分配、资本工具的发行、赎回和回购计划的前提下。如果未考虑，在实施之前需要对资本充足率的影响进行量化，并报母银行负责集团资本充足管理的部门审批。

第五章 银行集团并表风险管理问题研究

银行集团的优势在于可实现范围经济并分散风险，但由于其经营范围涉及不同金融行业，组织结构复杂，必然对集团的并表风险管理带来很大的挑战。从国际经验来看，国际领先的银行集团均实施了全面的风险管理，依靠成熟的并表管理信息系统，对各附属机构、各条线面临的各类风险进行识别、评估、控制、预警，并将风险信息上报，使得母银行能够对集团整体风险状况及时进行综合评估和实施有效的管理。这些经验和做法值得借鉴和总结。本章主要对银行集团并表风险管理模式和方法等问题进行研究。

第一节 银行集团的基础风险与风险加总

单个商业银行在经营中，面临信用风险、市场风险、操作风险和合规风险等基础风险。对于综合化经营的银行集团，其不仅面临着单个银行的所有风险，而且由于其具有复杂的所有权结构和组织结构，还面临着资本重复计算、传染效应、利益冲突、监管套利等特殊风险。本书第一章已介绍了银行集团面临的特殊风险，本节仅对银行集团所面临的基础风险进行分析，并讨论风险加总方法等问题。

一、银行集团面临的基础风险

1. 信用风险

银行集团面临的信用风险可以分为交易对手信用风险和金融工具风险两类。交易对手信用风险主要是指交易对手的违约事件导致银行集团亏损发生的可能性。金融工具风险则是指银行集团开发多元化金融产品后所面对的金融工具多样性风险，包括同业拆借、外汇、股票、期权以及涉及投行、保险、租赁、证券等各类产品和金融工具的风险。随着综合经营的不断拓展，银行集团在经营过程中将面对更多与传统商业银行业务截然不同的交易对手、金融产品和金融工具，这将使得集团层面信用风险的识别和计量更加复杂。

2. 市场风险

银行集团面临的市场风险主要包括两类：一类是银行集团持有的风险资产价格变动的风险；另一类是利率和汇率风险。随着综合经营程度的不断加深，银行集团持有的风险资产种类不断扩展，金融工具不断创新，市场风险将呈现多样化趋势。并且对某一风险资产而言，不同风险因素的影响需以加权计算评估最终的结果。这就意味着银行集团的风险不再局限于某个单一市场，而是受到多个市场的加权影响。

3. 流动性风险

银行集团面临的流动性风险包括两类，一是母银行自身面临的流动性风险；二是集团附属机构面临的流动性风险。为防范流动性风险，大多数银行集团选择流动性集中管理，这使得集团能够较好地应对各种流动性状况并缓释风险。流动性集中管理之所以重要，主要是因为：一是在通常情况下，母公司作为整个集团中评级最高的主体，更易获得低成本的资金，通过母公司对流动性进行集中管理，能减少子公司对第三方的流动性支持的需求。二是在金融危机发生时，在流动性集中管理模式下，银行集团对那些最终倒闭的附属机构的风险敞口能进行有效的控制。如果银行集团减少流动性集中管理，就需要子公司能够从当地市场中募集更多的资金，当然在这一过程中，子公司也可利用母公司的担保和影响力，降低资金募集的成本。

4. 操作风险

银行集团综合经营业务的操作风险集中体现在两个方面：一是人力资源风险。银行集团在拓展综合经营业务时，遇到的最显性的风险就是集团对业务种类、交易对手和客户群体不熟悉等问题。银行集团对人力资源管理的成效决定了集团综合经营业务发展的成败。二是信息化风险。信息化风险是来自多方面的，包括集团的设备、软件、网络、数据、服务、交易等信息化方面存在的风险。金融机构的业务拓展空间是直接与信息化管理水平相挂钩的，而银行集团内部的保险、投资、基金、租赁等业务的信息化水平不均，就必然会存在信息化风险问题。因此，如何在统一的信息平台基础上完成信息并表管理，是银行集团综合经营面临的技术性挑战之一。

5. 合规风险

合规风险是指银行集团因未能遵循法律法规、监管要求、自律性组织制定的有关准则以及适用于银行自身业务活动的行为准则，而可能遭受法律制裁、监管处罚，或出现重大财务损失或声誉损失的风险。银行集团的综合化经营对于监管机构和银行集团而言都是一个挑战。一方面，监管机构要跟随银行集团综合化经营程度，提升对各类金融业务的监管能力以及完善与对口监管机构的协调机制。另一方面，银行集团既要加强内部风险管控和内部稽核力度，也要统筹安排做好集团范畴内应对监管检查的工作，还要加强与各地区、各类型监管机构的沟通和协调。否则，一旦银行集团母银行和子公司中的一员被一家监管机构检查出重大问题，将很有可能引发其他监管机构对集团内其他业务和公司的关注。

二、监管框架下的风险加总

特殊风险以及多元化效应的综合影响，使得银行集团的风险并不等于各个业务单元风险的简单相加，特别是风险在集团内部传染的速度和影响必然大于在相互独立的金融机构间传染的速度。而且集团内部的风险传染也是系统性风险形成的重要路径。因此，监管者有必要重视银行集团的风险加总问题。

在国际监管规则和各国监管制度中，金融风险加总主要分为三个层次：单一风险种类的内部加总、不同风险种类之间的加总、集团层面对内部不同法人实体风险的加总。

第一个层次是不同金融产品同一类型风险的加总，如所有商业贷款组合的信用风险加总等。对于此类特定风险的加总，可以使用该类风险对应的风险度量方法和专门的风险评估技术进行评估；对同一类型的风险敞口可以通过相互轧差得到净额，如现阶段金融机构广泛使用 VAR 技术来度量单一资产组合的市场风险和合并公司所有相关交易的市场风险。

第二个层次是不同类型风险、不同业务条线风险的加总，如银行信用风险、市场风险和操作风险的加总等。在实践中，许多金融机构都致力于通过统一不同业务的风险定义来解决不同类型风险的加总问题。经济资本方法论的出现，则使得实践中合并计算多种类型风险的尝试既可以在业务条线（Business Line）水平上，也可以在公司水平上或在两种水平上同时实现①。

第三个层次是集团层面银行、证券、保险等不同法人附属机构的风险加总。需要指出的是，第一个层次和第二个层次的风险加总都还是发生在同一个被监管金融实体范畴内，只有第三个层次的风险加总问题是在银行集团风险评估时遇到的特殊问题。现阶段，对于第三个层次的风险加总，不少银行集团仍然是分别计量每个附属机构的风险状况和所需的经济资本，然后将其简单加总。但由于这种简单求和的风险加总方法存在固有的保守性并有失精确性，许多银行集团已经开始寻找一种能够粗略地计算不同风险类型、不同业务单元相关性的方法，使之能够应用于风险的合并计算，从而在集团层面得到风险抵消或放大的结果。截至目前，大多数第三层次的风险加总方法还处在初期阶段，精确计算相关性还存在困难，并且通常设定了很多如何加总各个组成部分的假设。因此，相关性的量化也成为

---

① 刘春航、陈璐：《银行集团的风险并表：风险计量及评估方法》，《国际金融研究》2009 年第 2 期。

了下一步金融机构多样化经营需要考虑的重要问题之一①。

总体而言，风险加总为有效识别、计量和管理银行集团的风险奠定了重要基础，也为加强风险并表管理所必需的基础设施建设提供了有利的条件。

第二节　银行集团的并表风险管理模式

由于受到所在国家的法律环境、市场结构和历史发展沿革的影响，各国银行集团并表风险管理的模式不尽相同，一般可分为以集团管控为主的集中式风险管理模式和集团权力下放的分散式风险管理模式。

一、集中式风险管理模式

采用集中式风险管理模式的银行集团的风险主要由母银行集中识别、监测、报告与决策，风险管理的责任主要由母银行承担。附属机构主要以销售为主，不承担风险管理的主要责任。

1. 德国某银行集中式风险管理示例

以德国某银行集团为例（见图 5-1），该集团监事会负责批准集团以及主要业务子公司的风险偏好框架、计划以及业绩目标，任命高级管理层，对各类型风险治理进行授权并建立有效的内部控制程序。

---

① 刘春航、陈璐：《银行集团的风险并表：风险计量及评估方法》，《国际金融研究》2009 年第 2 期。

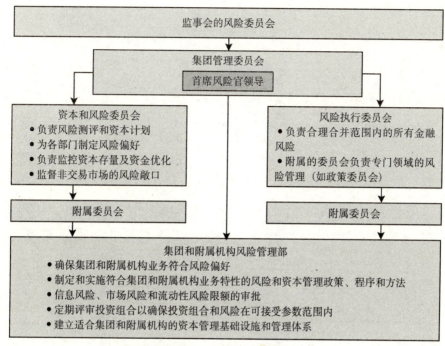

图 5-1 德国某银行集中式风险管理模式示例

在监事会的授权下，集团管理委员会（由集团首席执行官、集团首席财务官、集团首席风险官以及其他集团部门负责人组成）下设有独立的风险管理委员会，负责制定高层次的集团风险政策，并监督风险偏好和风险控制的实施。风险管理委员会由首席风险官、全球各地区附属机构首席风险官、集团风险部各风险条线的负责人组成。同时，风险管理委员会还与资产负债委员会共同负责监测集团各类风险，获取集团风险实际表现报告和新风险问题分析报告，根据报告结果制定行动方案并评价集团风险治理框架的有效性。

为更好地在集团层面对风险进行监测和管理，首席风险官领导的集团风险管理部作为专业的风险功能部门，为风险管理委员会提供专业支持。集团风险管理部按照业务所涉及的主要风险类别设置专项风险管理部门，并分别设置专业风险总监，可垂直对附属机构的风险管理进行指导。

2. 集中式风险管理的特征

集中式风险管理模式的主要特征在于：①体现了高度集中的风险控制机制，风险管理的独立性较强；②能够提高风险管理的效率，避免重复配备人员；③适合于收购后快速整合的情形以及管理集中度高的企业文化。其存在的问题主要是，如果集团母公司对境外市场、客户、监管以及非银行业务的了解不足，容易导致对特定风险的认识不足，也容易出现管理反应线条延长、信息滞后和缺失、风险监控落不到实处等问题①。

根据德国该银行集团的实践，银行集团推行集中管控模式须满足以下几方面条件：①集团风险管理部门须拥有足够高的话语权；②集团总部须拥有足够多的专业风险人员，使得风险管理能涵盖集团所有风险种类和特殊风险，如保险风险等；③信息系统须高度完善与一致，并能够深入不同地域、不同业务部门的具体业务单元。

二、分散式风险管理模式

在分散式风险管理的体系下，集团将风险管控的权限下放，由附属机构根据各自面临的风险实施具体管理。附属机构在风险管理方面拥有较高的管控权限和较大的话语权，往往设置与集团总部相对应的风险管理职能部门，强调附属机构在自身风

---

① 张晓朴、陈璐、毛竹青：《银行集团的并表管理》，《中国金融》2013 年第 3 期。

险管理中的首要责任，并根据面临的风险实施具体管理。

1. 英国某银行分散式风险管理示例

以英国某银行集团为例（见图 5-2），该银行集团内部，各附属机构对应总部风险管理部门设立各自的风险管理部门。风险管理的职责更多的是下放至由各附属机构的风险委员会和首席风险官承担，由附属机构的风险管理部门进行日常管理，风险与业务的条块结合主要是在基层业务单元层面实现。集团的首席风险官对附属机构进行宏观监督；在集团的风险委员会之下设立一个由总部和附属机构首席风险官组成的环球风险管理执行委员会，由集团首席风险官主持并定期听取各附属机构首席风险官的报告，共同讨论集团和附属机构的风险管理议题。

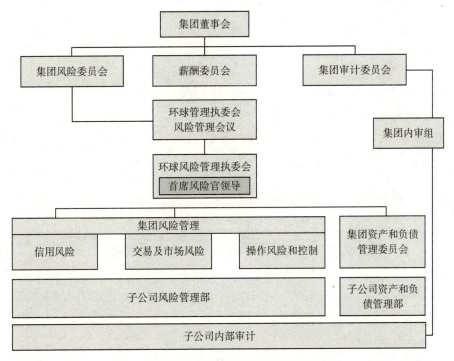

图 5-2 英国某银行分散式风险管理模式示例

集团风险管理部按主要风险类型划分职能，包括设立信用风险、市场风险、操作风险以及风险综合分析和报告等部门。流动性风险由资产负债管理部门专门负责。该集团为以上的所有风险制定集团层面的政策，实施集团范围的监督，为高级管理层提供各地区投资组合的风险分析报告。

该银行集团在亚太地区主要通过区域性总部对区域内所有业务集团和子公司进行适度集中的风险管理，形成由集团放权于地区总部、地区总部选择性放权于区域内的业务集团和子公司的风险管理模式。为了确保集团的风险文化、风险偏好以及风险管理制度自上而下有效传导，并得到有效执行，其亚太地区总部及其管辖的业务集团及子公司会建立与集团总部相似的风险治理架构。

2. 分散式风险管理的特征

银行集团采用分散式风险管理模式的主要优点有：①风险职能接近业务单元，可改善风险管理过程中缺乏业务知识的问题，注重业务开展过程中的风险控制；②业务条线内部能够更好地引入风险管理的理念和文化，有助于培养"风险—业务部门伙伴关系"；③能够促进树立风险所有权和风险回报的理念，即业务部门作为风险所有权和风险回报的拥有者，应管理好业务风险，承担相应风险责任；④较为适合收购后逐步整合的情形和控股公司模式①。其存在的问题包括：①跨业的附属机构在组织结构、经营决策、管理模式上存在较大的差异，集团对这些机构没有足够的控制力；②集团风险文化在附属机构层面推行力度不

① 张晓朴、陈璐、毛竹青：《银行集团的并表管理》，《中国金融》2013年第3期。

足；③集团并购或新设一个附属机构后，不能有效地实现与集团及其他附属机构在风险管理上的快速整合；④附属机构风险管控人员受本机构主管领导，导致业务条线的风险控制缺乏独立性。

在分散式的管理模式下，由于管理链条较长，区域总部起着极为关键的作用。多数采用分散式风险治理模式的银行集团会根据附属机构的地区特点、业务量、可用的人力资源和预算情况，由区域总部决定哪些类型的风险（如操作风险、信用风险、流动性风险等）可以在附属公司层面进行分散管理，并定期汇报区域总部和集团总部。

3. 分散式风险管理模式下的风险管理职能划分

在分散式风险管理模式下，风险并表管理职能由集团风险管理部门和业务部门共同承担。集团风险管理部门负责整个集团风险管理政策、方法、报告和组合管理。业务条线设置风险官，在集团规定的限额范围内开展业务，承担条线的风险管理任务（见表5-1）。

表5-1　业务条线和风险管理部的风险管理职责

部门	风险管理职责
业务条线 （第一道防线）	（1）业务条线根据集团政策和程序制定更加详细的操作细则以控制风险 （2）明确定义部门内每个员工的职责和提供明确的审计线索，包括对风险的录入、估计、监测和控制 （3）业务条线执行风险监测和控制职能（如分析、评分、批准、监测和管理）以及相关的操作职能（如流程处理、复核、文档管理） （4）业务条线负责将新业务或者新产品提交业务部门的新产品委员会
集团风险管理部门 （第二道防线）	（1）集团风险管理部门牵头协调整个集团风险管理政策的有效实施，发展各类风险相关的经济资本的计量方法和管理工具 （2）集团风险管理部门确保集团管理层定期获得各类风险敞口和变动的准确信息 （3）集团风险政策的实施由集团风险管理部门以整体政策和程序的书面形式加以规定 （4）新产品委员会由各业务部门和风险部门共同组成和主持，确保与新业务或产品有关的所有风险均在新业务开展前获得批准并受到监控

资料来源：毕马威（中国）咨询公司。

在分散式风险管理模式下，集团业务部门与风险管理部门的沟通和合作非常重要。如集团风险管理委员会一般应有业务条线的专家参加，这些专家具有投票权，并承担相应的责任；在审批新产品、新业务时，集团和区域产品委员会应既包括业务条线人员，也包括风险管理人员。全球金融危机发生之后，国际大型银行集团加强了对附属机构核心业务和核心功能的管控力度。如汇丰银行提高了集团风险管理会议和区域风险管理会议之间沟通的频率要求，加强了集团首席风险官与子公司首席风险官之间的联系等[①]。

第三节　银行集团风险管理流程和支持

银行集团全面风险管理的前提是集团层面设定风险管理目标和设立覆盖到各附属机构的并表管理信息系统。在风险偏好的指引下，集团风险管理部门依靠风险管理信息系统对风险进行识别、评估、控制、预警，并将风险信息上报至董事会和高管层，以便采取相应风险管控措施。

一、风险管理目标

风险偏好和风险容忍度是银行集团实行全面风险管理的基础，是风险目标和相关政策制定的前提。

---

① 张晓朴、陈璐、毛竹青：《银行集团的并表管理》，《中国金融》2013 年第 3 期。

"风险偏好"的定义最初出现在 2009 年 12 月国际金融协会（IIF）的报告《金融服务行业的改革：加强系统稳定性的实践》中："风险偏好是一家金融机构在实现商业目标的过程中能够且愿意承担的风险的数量和种类。"清晰的风险偏好表述和良好的风险偏好框架对成功的风险管理至关重要。此次全球金融危机表明，风险偏好框架是金融机构实现稳健风险管理的关键工具和重要组成部分。IIF《构建良好的风险偏好框架　促进银行稳健发展》的报告中指出：第一，良好的风险文化是构建有效风险偏好框架的前提，风险文化也会因为构建风险偏好框架而得到加强。第二，风险偏好应和战略发展与商业计划紧密协调，否则两者将会发生冲突并造成矛盾。第三，制定风险偏好框架需要大量的时间和智力资源。成功的必要因素之一是长期坚持"在实践中学习"，所有层面持续的对话和交流至关重要。风险偏好不能通过自上而下的命令执行，而应在整个机构中被贯彻理解。第四，有必要明确风险的承担者。风险管理部门应该负责总体风险偏好框架的构建和实施，发挥指导作用，董事会应负领导责任，各业务部门的负责人和业务中实际风险的承担者应承担相应的风险偏好管理责任，而不应依赖风险管理人员。第五，不管在风险偏好框架的构建还是有效推进中，沟通都是一个关键的推动力。董事会、高级管理层、风险管理部门、业务部门和员工之间应该经常开展有关风险定位和风险偏好的常规对话。第六，风险偏好管理的良好实践表明，风险管理、财务和战略部门的密切合作是风险偏好框架设计和日常运作的重要基础，有助于促进金融机构各个层面做出最优的风险/收益权衡。第七，压力和情景测试是风险偏好框架中的重要组成部分。应控制总体风险，以确保金融机构在严重的宏观、市场和流动性压力情景下能够生存。

风险容忍度是银行集团在承担风险时可容忍和承受的限度。对于银行集团而言，全面风险管理并非要求一味地降低风险，而是需要集团高管层对集团运行有一个全面清楚的认识，确实了解集团所承担的风险，并根据集团预定的风险水平进行相应的管理，将风险控制在既定水平之内。在设置风险偏好、风险容忍度时，领先的国际银行集团往往融入了对政策取向、资产水平和内部规章等因素的考虑。

（1）集团的风险偏好与其经营战略直接相关。银行集团在制定战略时，均考虑将该战略的既定收益与集团风险偏好相结合，以便做出切合实际的商业决策。另外，外部监管和股东所关心的也是银行集团的整体盈利与风险。每个集团的管理者都根据自身的实际情况来决定风险水平的高低，并将这种经营风险明确告知股东和投资者。集团应确保集团的风险跟投资者的期望回报与风险容忍度保持一致。

（2）集团的风险容忍度受到监管和评级部门要求的资本充足率的限制。监管和评级部门的资本要求是基于安全、稳健的财务能力考虑的，这就构成了风险容忍度的上限，也在定义风险偏好上起着重要作用。

（3）集团的风险管理要求将风险控制在风险偏好范围内。全面风险管理要求集团董事会在综合考虑集团面临的各种风险、组织、人员、系统等内部约束因素的基础上，确定其风险偏好和风险容忍度，作为风险管理目标制定的依据。全面风险管理也要求高管层和风险管理负责人从集团层面把握分散于各附属机构及各部门的风险，对相关的风险进行识别，并采取措施将集团所承担的风险控制在风险偏好的范围内。

二、风险管理流程

健全的风险管理流程是银行集团风险管理工作的基础，风险管理流程科学与否直接制约着风险管理的效果。银行集团风险管理的流程包括风险的识别、评估、控制、监控与预警四个步骤。

1. 风险识别

风险识别是风险管理的第一步。它是指风险事故发生前，银行集团运用各种方法在内部经营环境中识别出所面临的和潜在的风险因素，并加以判断、归类、进行相关性分析以及鉴定风险性质的过程。风险识别必须及时、准确、全面、深入、连续和系统。风险识别一方面可以通过感性认识和经验进行判断，另一方面也可以依靠各种客观的会计、统计、经营资料和风险的历史记录进行分析、归纳和整理，从而得出各种风险的损害情况及风险发生的规律。风险识别最常用和最重要的方法包括清单法、财务报表分析、流程图、合同分析、历史统计分析等。

2. 风险评估

风险评估是风险管理的难点。它既是风险识别的延伸，也是风险控制的基础，在风险管理流程中发挥着承上启下的作用。风险评估是定性分析和定量分析的结合。依据风险的可测性，风险可分为无形风险和有形风险两种形式。不同的风险形式应采用不同的处理方法。

（1）定性分析法是指依据分析者的经验和直觉，或依据业界的标准和管理规则，为风险大小进行定性分级的方法。定性分析具有较强的主观性，主要用于评估无形风险。无形风险指的是那些难以量化的风险。值得注意的是，随着人们对风险认识的不断深化以及计量技术的发展，风险量化管理已经扩展到一些传统上认为不可测量的无形风险领域，如操作风险曾经就是一种难以量化的风险，主要是对其进行定性分析。但随着损失数据的累计和分析模型的成熟，操作风险也逐渐可以实行量化管理。

（2）定量分析法是指分析、评估有关风险对实现既定目标的负面影响及影响程度，也就是对风险进行量化分析的方法。定量分析具有客观性，主要用于评估有形风险。有形风险主要是指那些可定量测量的风险。风险定量分析是风险管理流程中技术性要求最高的环节，其建立在风险损失发生的频率和风险损失程度的信息基础之上，主要依靠先进的风险量化工具进行分析。目前，风险量化作为风险管理流程中的关键环节，越来越受到观念上的重视和技术进步的支持。风险量化一般要求有较高的技术标准和制度标准。技术标准是指与量化方法本身相关的技术要求，如模型的选择、数据库、模型检验等方面的具体规定；制度标准是指采用量化方法的金融机构在内部控制机制，尤其是组织制度、管理流程和控制文化等方面的管理要求。《巴塞尔协议Ⅱ》、《巴塞尔协议Ⅲ》对包括信用风险、市场风险、操作风险在内的每一类风险的量化都提供了从简单到高级不同复杂程度的可选量化方法。

3. 风险控制

风险控制是风险管理的关键环节。通过对风险的全面识别与评估，银行集团对存在的风险因素、风险发生的概率以及风险可能带来的损失有了比较准确的把握和控制。在既定的战略目标下，银行集团管理层为了使已确定的风险符合自己的风险偏好，必须采取适当的手段或方法控制这些风险，从而将风险事故发生的概率和损失程度框入自己的风险容忍度范围之内，这就是风险控制。

风险管理的基本策略主要有损失预防、风险分散、风险转移、风险对冲和风险补偿等。风险管理技术可分为控制型和财务型两种。控制型风险管理技术是指以规避、消除和减少风险事故发生的概率，防止已发生损失继续扩大而采取的一些措施。其本质在于改变引起风险事故和扩大损失的各种条件，以达到减少事故概率、降低损失程度的目的，通常的做法包括风险规避、损失预防、风险分散、风险转移和风险对冲等。财务型风险管理技术是指通过事先制定的财务计划筹措资金，对风险事故造成的经济损失进行及时而充分的补偿，以减少因随机性的巨大损失而引起财务上的波动。

4. 风险监控与预警

风险监控与预警是风险管理的必要环节。由于风险是动态的，在受险时间内，风险的程度和某些特征会随着环境的变化而发生改变。因此，在日常风险管理过程中要时刻监控风险变化情况，并确定随着某些风险的消失是否又产生新的风险。为此，银行集团风险管理部门要设计符合自身特点的风险监控与预警系统，并根据情况的变化不断修正，以及时发现从前未被认识的以及新出现的风险。风险监控与预警既要能够跟踪已经被识别的风险的发展变化情况，同时，还要对已经发生的风险及其遗留风险和新增风险进行识别、分析和控制，从而客观、动态地反映整个银行集团的风险状况，并根据风险变化情况及时调整风险防范与控制计划。

根据银行集团内部各个成员的发展情况和面临的各种风险，风险管理委员会负责设计一整套风险监控与预警机制，主要包括：建立各成员和整个集团的主要经营指标体系，密切关注外部复杂因素的影响；设计各种经营指标与警戒线标准；定期或不定期地对各种经营指标进行数据处理，确定集团所面临的风险等级，并在此基础上提出相应的对策。

从现实出发，银行集团建立风险预警体系必须遵循一些基本原则：第一，应同国际惯例接轨。例如，要与《巴塞尔协议》中规定的风险指标、概念保持一致。第二，应同本国的金融监管法律、法规、条例相一致。这样不但给风险预警提供了科学的依据，也可以很好地配合监管部门的监管工作。第三，风险预警体系要具有全面性、充分性和灵活性等特征，使之能准确反映可控风险的真实状况。第四，应对银行集团各个附属机构和集团层面的经营风险分别进行分析评价，并提出对风险监控与预警的相应对策。

三、IT 系统

IT 系统是银行集团实现全面风险管理的硬件保障。在银行集团模式下，银行、证券、保险等金融企业相互融合，建立一种立足于整个集团的大集中的风险管理 IT 系统是大势所趋。这意味着不仅要针对各金融单元的风险进行风险控制，更多的是立足于整个集团综合经营的层面，全面持续地识别、衡量、处理和监控集团整体的内部交易风险、风险传递、市场风险、信用风险、操作风险、流动性风险等，致力于在可控的、合意的风险水平下实现集团价值最大化。

为此，银行集团要建立集中和高效统一的风险信息处理中心，运用现代的风险数据模型和信息技术系统，对内部和外部风险进行定量分析确认，包括对每一项业务、业务模块和整个集团层面的综合业务风险的分析确认。IT技术的进步使一些具备条件的银行集团已经开始运用模型的方法量化集团层面的风险。

银行集团的综合风险管理信息技术系统应与风险管理的策略、组织架构、流程、风险处理的形式和需求相一致，并将业务操作和风险管理两者有机地结合起来。总体而言，综合风险管理信息技术系统的功能需求可以分为风险识别、风险计量、风险监控与决策、风险管理流程四个部分。具体而言，在信息技术方面，要充分依托电子数据交换、国际互联网络技术、数据挖掘技术和大型集成应用系统技术的发展，将业务运作、信息技术、风险管理模型、风险管理流程的各个方面有机地结合在一起；在风险识别方面，需要确定、分析、收集和积累与风险相关的风险要素和风险要素数据，其解决方案包括使用数据管理方案与风险信息数据库；在风险计量方面，主要内容是使用风险计量工具建立模型，确定风险的计量方式，其解决方案包括使用风险分析工具与风险信息数据库；在风险监控与决策方面，将风险计量技术运用到业务管理和风险管理中，辅助业务审批进行风险决策；在风险管理流程方面，实现业务和风险操作及管理的电子化，促进和提高业务效率，同时，整合风险监控以提供风险识别和规避能力，其解决方案包括使用业务管理系统与风险信息数据库等。

这里需要强调的是，银行集团综合风险管理信息技术系统建设，必须解决以下几个方面的问题：

（1）建立并表管理信息系统。该系统应确保各类主要风险信息来源的全面性、真实性、有效性、时效性和简捷性。首先，综合风险管理信息技术系统的信息数据库应与各子公司的业务核心系统和会计核算系统的数据库相对接，从业务操作一线直接生成所需的相关风险数据，包括交易数据和客户信息等。其次，外部的一些有用数据应通过用户（客户经理、风险经纪人和外部客户）界面的接口直接输入该系统。

（2）开发统一的风险信息数据库。该数据库中应包含支持风险集成管理程序所需的庞大数据信息，如信息库、风险损失数据库等。数据库中的数据内容既包括各项动态数据，如交易量、市场时价、模型支持数据以及主要的计量结果（风险敞口、风险价值等其他风险信息）；也包括各种静态信息，如客户的信用等级、风险偏好、产品构成、内部组织框架、财务状况等；还包括已存储的信息，如历史原始数据、风险度量标准、风险度量模型及其参数等。

（3）建立旨在向整个集团分配风险资本的定量模型。由于风险管理的趋势是全面风险管理和经济资本管理，因而要在风险数据库和模型系统的基础上，使用如信用风险的内部评级法、市场风险的风险价值法、操作风险的高级计量法、敏感性分析和压力测试等，构建定量分析工具，集成并分析风险数据，量化各种预期和非预期的风险和可能的损失数额等。所有风险要依据统一的标准进行测量并加总，依此评估和度量风险资本的大小，分配相应的经济资本，且依据全部业务的相关性对风险进行控制和管理，实现全面风险管理，保证集团稳健运行。

（4）构建与风险管理水平相适应的风险管理工具。在对各种风险进行度量时，使用的定量工具应与风险管理的水平和数据相适应，尽量做到操作简单，灵活快捷。

（5）建立快捷、可靠、无误的综合风险管理的信息技术平台。高效、可靠的信息处理是实现风险集成管理过程的一个核心环节。风险信息处理就是把所有业务和产品的风险、交易信息等整合后输入统一的数据库中，使风险管理人员能对所有风险信息进行计算、分析及归纳等。风险信息处理环节的核心是风险信息的整合程序。整合程序要提供标准界面、系统间的通信联系，并负责将各项源数据完整、安全地传输到数据库系统中。同时，在这样的传输过程中要引入智能分析方案，即根据信息内容决定其应该以何种标准格式被输送到哪里。具体而言，风险信息整合程序的功能包括信息排列和记录、信息的格式化、数据传输、数据复制、信息的流程管理等。

（6）设定综合风险管理信息技术平台的关键链接——数据密钥。例如，银行集团要建立统一、通用的客户标识（如客户身份、产品编码、交易清单等），实现集团内风险信息的共享，使各级、各公司的风险管理委员会、风险管理部门及风险经理，都能够在很短的时间里利用数据密钥和用户接口获得有关客户的信息资料。

四、风险报告制度

在银行集团模式下，为切实加强母银行对集团风险的全面管理，建立健全与 IT 系统相适应的快速反应机制，实行重大事项报告制度是必要的。这有利于母银行相关部门针对各金融单元的风险进行风险控制，有利于整个集团全面识别、处理和监控集团内部交易风险、风险传递、市场风险、信用风险、操作风险、流动性风险等，有利于在可控的、合意的风险水平下实现银行集团价值的最大化。

因此，银行集团的母银行应制定银行集团内部各部门、各层级的风险报告制度，即风险管理人员在对风险信息进行计算、分析及归纳之后，要为各层级提供最新的风险信息报告和风险管理建议。高级别的风险报告应通过特定的渠道递送给集团和子公司风险管理委员会和高管层，为其提供及时、可靠的风险决策依据。其他级别的风险报告可授权需要的员工通过各自的用户界面和用户密钥自行获取，成为业务交易或业务操作的重要指导。

第四节　我国银行集团并表风险管理存在的问题

商业银行综合经营的优势在于可实现范围经济并分散风险，但由于其经营范围广、组织结构复杂，也给银行的并表风险管理带来很大的挑战。虽然近年来我国商业银行在并表管理方面已经取得了良好进展，但部分银行并表管理体系仍有待完善，特别是一些关键风险的控制尚不到位，并表风险管理的机制和技术也有待改进。

一、信用风险的集中和统一管理面临困难

有效的信用风险并表管理应做到在整个集团内，对同一国家和地区、同一行业、同一交易对手、同一产品的信用风险敞口进行统一管理和集中监控。我国部分银行集团距此目标还有一定的距离：一是集团层面大额风险暴露的监测和管理尚未涵盖一些跨境、跨业附属机构，统计口径还不能反映集团对同一交易对手的风险敞口。二是集团未对部分附属机构的共同客户进行统一授信管理。部分银行母银行的授信部门只是做到了总分行的统一授信，尚未将附属机构的同一交易对手或客户纳入集团层面的统一授信。三是未从集团层面进行信用风险限额管理，尚不能从集团层面识别大额风险暴露的行业、地区、产品集中情况。

二、市场风险并表管理的精细化和时效性有待提高

跨行业经营使得银行集团面临的市场风险更加复杂。部分银行未将整个集团市场风险的识别、计量、监测、控制等在母银行层面进行统一和集中，市场风险报告没有覆盖全部附属机构。部分银行母银行和附属机构之间的信息系统无法对接，母银行和附属机构在市场计量技术、数据标准等方面也存在不一致的问题。从风险报告频率看，部分银行并表的市场风险报告频率最快为周报，无法做到每日一报，这也制约了市场风险管理的及时性和有效性。

三、流动性风险并表管理的覆盖范围和深度不足

由于不同行业的流动性风险管理差异较大，银行集团层面流动性风险管理面临挑战。部分银行的非银行附属机构尚未全部纳入母银行流动性风险管理范围。由于对附属机构流动性风险管理手段不足，对专业、具体的管理内容缺乏了解，部分银行的母银行对附属机构流动性风险并表管理的深度不够。在计量监测方面，部分银行尚未对集团的整体流动性水平进行监测评估，流动性风险限额的计量、压力测试也未能覆盖所有境内外附属机构。

四、内部交易并表管理缺乏技术工具

银行集团内部交易在产生协同效应的同时，也可能会带来风险传染的问题。虽然目前银行已构建了相应的防火墙机制，但部分银行对管理内部交易的具体技术（如交易限额、风险隔离、公允价格判断标准等）还不甚明了。在实际操作中，对于如何根据各种交易类型的风险程度划分不同层级的管理权限，如何把握防火墙的严格程度，还没有有效的技术实现手段。此外，部分银行集团尚未建立覆盖全集团的内部交易监测、控制和处理机制，集团一些重大内部交易尚未能定期提交管理层及董事会审查。

五、管理信息系统与并表管理的要求存在差距

一是部分银行集团的信息系统没有延伸到所有附属机构。这使得信用风险、流动性风险等集团层面的风险监测和管控受限，

特别是境外附属机构数据采集的时效性和准确性有待提高。二是部分集团信息系统功能有待完善。银行集团并表管理信息系统建设涉及不同行业、众多部门，需要通过复杂的优化整合才能支持集团的并表管理要求。虽然大部分集团都已建成集团范围的并表管理信息系统，但信息系统仍无法实现并表风险提示等管理功能。三是部分集团目前还未建立统一的并表管理数据标准和统筹规划。缺乏集团统一的数据标准和统筹规划，使得附属机构在运用并表管理信息系统时难以把握，也难以保证集团内部口径的一致性。

第五节　完善我国银行集团并表风险管理的建议

一、建立系统的集团风险管理框架

（1）银行集团应建立系统性、所有附属机构协调一致的风险管理框架，明确界定各主要风险的并表管理部门及其主要职责分工，并针对各主要风险建立相应的并表风险管理程序与控制机制。同时，管理部门应针对不同附属机构制定有针对性的风险管理细则，明确风险识别、计量、评估、监测及预警的管理事项、报告流程和报告路径。

（2）银行集团应建立独立的风险管理委员会。该委员会由各风险管理领域内的专家构成。委员会成员应了解附属机构风险状况与风险特征，并对银行集团并表管理风险状况定期进行评估。银行集团还应结合董事会拟定的风险管理战略对集团并表风险管理提出建设性的意见和建议。

（3）银行集团风险管理职能应当清晰，应独立于业务职能。业务单元应切实履行风险管理"第一道防线"的职责，风险管理职能部门与业务单元应清晰分离，有明晰的制度和完善的系统，保障风险管理部门及时了解和监控风险承担部门的风险管理状况。集团首席风险官或承担类似职能的高级管理人员应掌握集团并表风险全景信息，熟悉附属机构的风险状况，为董事会履职提供支持。高管层应支持审慎承担风险，尊重风险管理职能的独立地位，且集团在各个层面的决策中均应考虑风险管理问题。关键风险管理岗位人员也应具备较高的专业资质。

二、定义银行集团的风险偏好和风险容忍度

（1）银行集团母公司董事会和高管层应根据集团风险情况和外部环境，明确集团对风险的基本定位，定义集团范围风险偏好政策。母公司董事会、高管层成员应认识和理解涵盖附属机构的集团风险偏好。董事会及下设的风险管理委员会应在集团风险偏好的制定和修订中履行职责，认真审核风险偏好政策，并对政策及其实施情况进行监督和定期评估，提出完善意见。

（2）银行集团应选取风险偏好指标并建立集团层面风险偏好陈述框架，根据风险偏好指标设定风险容忍度限额指标，并不断更新、评估、重检。银行集团应持续识别和计量银行集团的风险敞口，确保该风险敞口不超过风险容忍度限制，以尽早识别潜在风险（包括不同区域、业务条线以及金融行业的风险等）。

（3）银行集团应通过适当途径，将集团风险偏好传导至附属

机构，指导、督促附属机构有效落实，确保附属机构与集团保持一致。

三、完善专业风险管理技术

在单个机构风险管理的基础上，银行集团应建立起一套可以涵盖银、证、保各类专业附属机构风险特征的银行集团风险管理体系。

（1）信用风险方面。第一，应在集团层面应用内部评级工具，建立集团内部一致的评级标准，对信用风险进行计量与评估。第二，应制定完善、有效的集团层面信用风险管理政策，建立健全集团层面授信业务决策机制（附加标准），并确保集团风险管理行为的一致性。第三，应建立集团层面信用风险监测机制，包括对单个债务人、交易对手、集团客户以及对资产组合的整体监测。第四，母银行应逐步将并表机构纳入统一授信管理。对于母银行统一授信的客户，在母银行对其核定年度授信过程中，并表机构要报送所辖关联客户的授信申请，并在母银行核定授信额度内办理业务。

（2）市场风险方面。第一，银行集团应建立完善的市场风险管理政策制度体系，包括覆盖附属机构的市场风险计量方法论、市场风险报告体系、重大市场风险应急管理、限额管理等。第二，银行集团可采用限额管理的方法来控制市场风险，制定限额体系和限额管理流程，附属机构应向母银行定期报告限额执行情况，按照授权向母银行职能管理部门定期报送限额执行情况。第三，母银行应指导附属机构建立新业务、新产品的市场风险管理和审批程序，要求附属机构在开发新产品、开展新业务之前应充分识别和评估其中包含的市场风险。第四，母银行与附属机构之间，以及附属机构之间在开展拆借、回购、证券买卖等资金交易活动时，应采取审慎的风险隔离措施。

（3）流动性风险方面。第一，银行集团应建立相关流动性风险管理制度，运用适当的方法或模型，以识别、计量、监测母银行和整个集团的流动性风险。第二，集团应了解附属机构所在地及所属行业流动性监管要求，明确各项流动性管理要求，及时监控并能满足监管标准。第三，集团应计算并表口径的流动性覆盖率、净稳定资金比例、存贷比和流动性比例等流动性风险监管指标和监测指标，并满足银行业监管机构所规定的并表口径的最低监管标准。第四，集团可考虑建立流动性头寸的统一集中管理，兼顾流动性管理的地区性特点，通过集团的司库管理等，优化统筹流动性安排，防止监管套利。第五，集团应关注集团资产负债期限结构、总体负债集中度、融资来源的稳定性、集团内各机构所在市场的流动性等因素对集团流动性可能带来的负面影响。在制定集团流动性风险管理流程和融资方案时，应充分考虑整个集团的贷款、投资和其他业务活动，以确保银行集团内母银行和附属机构都具有充足的流动性。第六，对于跨境设立的附属机构，银行集团要充分考虑资本管制、外汇管制以及金融市场发展差异程度等因素对流动性的影响；对于跨业设立的附属机构，要充分考虑行业差异、围栏措施、隔离机制等因素对流动性的影响。

（4）风险加总方面。集团层面的风险评估指标体系对银行集团的风险管理而言十分重要，因此，银行集团对风险的并表处理不仅要建立在并表口径的风险指标和财务报表信息基础之上，而且要有效评估集团内各个附属机构的风险并进行风险加总。风险加总可采用多种方法，进行相互比较和印证。母银行要从附属机构的风险特征加总中分析得出集团层面风险判断的技术，要清晰地了解应从哪些方面对集团进行风险评估、什么样的并表风险是集团不能承担的，对风险的识别和监测应尽可能做到敏感、精细、灵活、清晰。

四、适用有效的风险相关性评估方法

银行集团高管不仅要引导银行在风险管理过程中恰当、合理地评估相关性，更要了解集团内部风险传染的路径，要分析什么样的风险在内部得到了对冲，什么样的风险可能在集团内部传染。我国银行业能够用来衡量相关关系的数据非常少，模型设计和相关性分析本身还非常初步，相关性的衡量结果又受到前提假设和方法选择的影响，所以在使用时必须谨慎细致，以确保所包含的相关关系是合理的和适当的。此外，在银、证、保等市场都同时发生变化时，即使在很短的时间内，不同风险类型、业务单元的相关关系也会变化，而且可能并不沿着同一个方向变化。因此，对相关性的评估不仅要考虑非线性相关关系，而且要考虑市场处于不断变化时的情景，加入时间因素，并定期重新评估。

五、实现并表风险数据信息的及时收集与分析

我国银行集团并表层面风险数据信息的收集和分析，对风险加总和并表监管的有效性构成了挑战，特别是跨行业附属机构信息的获取和汇总分析比较困难。因此，银行集团一是应建立统

一、专门的并表数据信息报送要求和报表体系，以掌握关联机构的风险对银行集团整体风险的影响；二是应加强对并表口径风险数据信息的监测、分析，完善并表层面风险分析框架，并增强对银行集团整体风险进行分析和预警的能力；三是应建立和完善符合并表管理要求的管理信息系统，以及时、准确、全面地获取附属机构的相关信息，并在产品、部门、地域和集团整体层面集合风险管理信息，以对集团的整体风险状况进行综合评估和管理。

六、完善风险报告制度

完善风险报告制度是银行集团健全风险隔离机制的重要环节。母银行风险管理部门应在高管层授权下与附属机构之间建立日常沟通机制，基于附属机构报送的风险事件报告、风险分析报告和其他风险管理报表，按季度监测分析附属机构各类风险状况和变动趋势，并向本行高级管理层和派出董事报告。银行集团派出董事应通过附属机构的董事会、股东会指导、督促各附属机构建立风险报告制度，确立附属机构风险管理部门向本机构高管层和母银行风险管理部门的双线报告机制。

风险分析报告应主要包括以下内容：一是附属机构报告期内的风险状况，包括主要业务开展情况、报告期各项风险状况、风险管理体系建设情况、风险管理政策执行情况、报告期内的主要风险管理措施和成效等。二是并表风险管理状况，如大额风险暴露情况（包括前十大客户、行业、区域、产品的风险集中暴露情况），以及流动性风险、市场风险、操作风险、法律风险、声誉风险等其他风险的管理状况。

第六章 银行集团风险隔离问题研究

银行集团的优势在于利用集团内部的结构关系将资源在母银行和附属机构之间、附属机构内部之间进行优化配置，从而降低运营成本，实现协同效应与规模经济。但经验表明，银行集团内部日常的资金调度、风险敞口管理和调整、特殊交易或产品结构等安排，可能会改变集团的整体风险轮廓和引发风险传染。厘清银行集团风险传染路径，并设定风险隔离措施，是银行集团并表管理和监管中的一个重要问题。本章将对此问题进行研究。

第一节 银行集团风险传染的渠道和影响

一、银行集团风险传染的界定

银行集团的风险传染是指在银行集团内部出现的某种风险在内部机构间相互传递的过程。其表现为集团某一成员的风险或损失对集团其他成员经营和财务健康产生消极影响。

银行集团常见的风险传染主要表现在：影响集团成员财务状况；影响集团成员经营业务性质；影响成员间财务及经营相互依赖的程度；影响公司治理及风险控制系统的质量；影响集团成员的监管合规；影响集团成员的声誉等。

二、银行集团风险传染的载体和途径

内部交易和关联交易是引发银行集团风险传染的直接载体。银行集团在经营管理中面临着平衡选择的问题：一方面，综合经营的银行集团希望通过合理的内部交易、关联交易，更好地发挥协同效应，并实现对其重要附属机构的支持；另一方面，综合经营的银行集团内部交易和关联交易数量增加，会导致该集团风险过度承担、出现不公平交易等内部管理问题。并且，银行集团日益复杂的股权结构、交易结构也会导致管理难度增加，内部控制、风险管控和信息披露等活动的复杂程度不断上升等问题。

由于银行集团的内部交易和关联交易是引发银行集团风险传染的直接载体，因此，有必要对两者所包含的范畴做出简要界定。

（1）内部交易的范围界定。目前，国内外监管机构或组织对内部交易的范围界定略有不同（见表6-1）。根据我国《商业银行并表管理与监管指引》的规定，内部交易是指商业银行与其附属机构以及附属机构之间表内授信及表外类授信（贷款、同业、贴现、担保等）、交叉持股、金融市场交易和衍生交易、理财安排、资产转让、管理和服务安排（包括信息系统、后台清算、银行集团内部外包等）、再保险安排、服务收费以及代理交易等。

表 6-1　国内外监管机构或组织对内部交易的规定比较

来源	界定范围
《金融集团内部交易及其风险敞口原则》《风险集中原则》 ——联合论坛	●交叉持股 ●集团内部一个公司代理或代表另一个公司进行交易操作 ●金融集团内部短期流动性的集中管理 ●向附属机构提供或者从附属机构获得担保、贷款或承诺 ●提供管理或其他服务性安排，如养老金安排或后台服务 ●对主要股东的风险暴露（含贷款承诺、担保等表外业务） ●集团内部其他成员存放客户资产 ●集团成员公司之间的资产买卖 ●通过再保险而引发的风险转移 ●将与第三方有关的风险在内部成员间进行转移的交易
《对金融集团中的信用机构、保险业及证券公司之补充监管指令及修订其他相关指令之建议案》 ——欧盟	●交易性操作（集团内某一实体与同一集团内另一实体所进行的交易或代表后者所进行的交易） ●集团内短期流动性的集中管理 ●管理协议及其他服务安排 ●股东大额风险暴露（含贷款以及承诺、担保等表外风险） ●与集团内其他实体之间的资产购买或出售 ●源于集团内其他实体因客户资产存放引发的风险暴露 ●获得集团内公司提供的或向其提供的担保、贷款及承诺 ●通过保险或再保险进行的风险转移 ●集团内实体间所进行的第三方相关的风险敞口转移交易
《商业银行并表管理与监管指引》 ——中国银监会	●商业银行与其附属机构以及附属机构之间表内授信及表外类授信（贷款、同业、贴现、担保等）、交叉持股、金融市场交易和衍生交易、理财安排、资产转让、管理和服务安排（包括信息系统、后台清算、银行集团内部外包等）、再保险安排、服务收费以及代理交易等

资料来源：根据相关法律文件整理。

（2）关联交易的范围界定。国内外监管机构或组织对关联交易的界定有广义和狭义之分，广义的关联交易包括了内部交易，狭义的关联交易则是指与集团关联方（排除集团内部成员）的交易，确定了关联方，基本就明确了关联交易的范围。对于关联方的界定，各国法律和监管政策的规定不尽相同，同一国家不同监管机构、不同行业的关联方范围界定也不尽相同。以美国证券监管机构对基金业务关联方的定义为例，关联方是指：直接或间接拥有、控制、掌握某人 5%或以上的已出售的具有表决权的证券；被某人拥有控制、掌握 5% 或以上的已出售的具有表决权的证券；直接或间接控制上述两种人士；某人的所有雇员、董事、合伙人与管理人员；公司的所有投资顾问或顾问委员会的所有成员；对于无董事会的无限责任投资公司，关联人士为储户。在基金业关联交易监管中，美国的法律规定关联方包括董事、经理、投资顾问等。

三、银行集团风险传染的渠道和表现形式

从风险传染的途径来看，银行集团风险传染可分为接触性风险传染和非接触型风险传染。当集团内部不同成员之间通过股权投资、资金往来、内部交易、资源共享或相互提供服务等方式，导致单一成员的风险通过不同行业、市场、机构、产品、活动在集团成员间传导时，即发生接触型风险传染；而非接触型风险传染则不需经过明显的接触链条，往往通过外部预期（如公众心理恐慌）、声誉等因素在集团成员之间传播。

1. 接触型风险传染的渠道和表现形式

接触型风险传染是指通过集团附属机构之间，以及两个以上集团成员与外部机构之间发生交易而形成的风险传染。接触型风险传染常见的形式包括投资、贷款、保险及再保险、担保、银行安慰函（Letter of Comfort）、交叉违约条款（Cross Default Clauses）等。具体而言，银行集团常见的接触型风险传染的渠道和表现形式如表 6-2 所示。

表 6-2　银行集团常见的接触型风险传染的渠道和表现形式

交易描述	具体表现形式	可能的风险传染
集团内某一机构（通常是银行）为其他机构提供资金借贷	(1) 银行机构直接向集团内其他附属机构或关联机构提供贷款 (2) 银行机构通过第三方间接向集团内其他附属机构或关联机构提供贷款	(1) 财务风险：集团内其他机构或第三方、关联机构财务问题导致违约，贷款无法全额收回 (2) 损害股东利益及公平竞争：银行对集团内附属机构或第三方、关联机构贷款利率低于向市场贷款利率，损害股东的利益。应按照 Arm's Length 原则处理，采用公平价格定价
集团内某一机构（通常是银行）为其他机构提供贷款承诺	承诺分为可撤销及不可撤销，涵盖任何致使一家银行承担以下义务的具有法律约束力的协定：①以贷款或租赁形式提供信用；②购买贷款、证券或其他资产；③参与一项贷款或租赁。此外，承诺还包括透支便利、循环信贷安排和抵押信用额度以及其他类似交易	(1) 如果银行机构无法履行承诺，风险会通过集团承诺接受方扩大 (2) 银行机构在计算其资本充足率时未将集团内部的贷款承诺纳入计算范围 (3) 贷款承诺合约未按外部贷款承诺合约的公允条件签订 (4) 资金错配及错误分类：向集团内其他附属机构或关联机构提供循环贷款承诺，以短期循环贷款模式长期提供低息融资
集团内某一机构为其他机构提供贷款担保	(1) 集团内银行机构对向集团内其他附属机构或关联机构提供的贷款进行担保 (2) 集团内某一子机构或母公司为集团内部其他机构发行的产品（证券化产品等）提供担保	(1) 财务风险：集团内其他机构或第三方关联机构财务问题导致违约，该子机构承担相应偿付责任 (2) 损害股东利益及公平竞争：担保条件可能低于向市场上独立机构提供的条件或高估抵押品价格，损害银行股东的利益。应按照 Arm's Length 原则处理，采用公平价格定价
母银行或附属机构向另一附属机构进行投资	(1) 母银行直接追加股本投资 (2) 母公司联合附属机构向另一附属机构进行交叉持股 (3) 银行机构通过贷款安排、可转债、债券购买向集团内其他附属机构提供类股权融资，变相注资	(1) 财务风险：被投资方经营失败导致投资损失 (2) 投资定价：偏离公平价格，存在利益输送 (3) 交叉违约条款对违约债务人界定过于宽泛 (4) 税收调增风险，取决于是否以公平价格交易 (5) 主权风险：境外投资无法收回或受到当地管制
母银行或附属机构向另一附属机构提供筹资安排	(1) 母银行或其他附属机构购买子银行发行的次级债，以补充其资本 (2) 母银行或其他附属机构购买另一附属机构的股份 (3) 母银行或其他附属机构购买另一附属机构发行的债券	(1) 财务风险：发行方经营失败或违约导致购买方的损失，集团整体业绩下滑 (2) 交叉持股引发的交叉违约风险 (3) 对风险单位提供援助和随之而来的道德风险

续表

交易描述	具体表现形式	可能的风险传染
集团内某一机构（通常是银行）为其他机构提供销售渠道	(1) 证券/投资银行机构通过银行机构推销承销或包销的证券 (2) 信托机构通过银行机构发行信托理财产品 (3) 基金子机构通过银行机构发行共同基金、ETF及集合理财产品 (4) 保险子机构通过银行机构发行保险产品	声誉风险：银行的行为可能造成客户错误印象，即认为银行为其他机构的业绩或可信度提供背书或保证，当相关机构的业绩或服务发生问题或危机时，影响客户对银行机构的信任程度，对银行机构的声誉造成负面影响，这种情形在银行机构与产品发行机构共用同一品牌时更加明显
集团内某机构向客户推荐、代客户购买其他子机构发行的产品或提供的服务	(1) 银行机构的代客理财业务人员向客户推荐或买入集团证券/投资银行机构的承销或包销的证券、关联公司证券 (2) 信托子机构作为受托人买入集团证券/投资银行承销或包销证券或买入附属机构或关联公司证券 (3) 基金子机构管理的基金买入集团证券/投资银行机构承销包销证券或买入附属机构或关联公司证券 (4) 保险子机构投资组合中买入集团证券/投资银行机构承销包销证券或买入附属机构或关联公司证券 (5) 集团内基金、保险等不同子机构在代客投资时使用集团内信托子机构、清算子机构的服务	(1) 财务风险：投资银行机构承销或包销的证券、公司证券、关联公司证券价格下跌造成代客理财收益和自身投资账户投资业绩下滑 (2) 交易是否满足监管合规要求：银行和保险机构有比较严格的监管要求 (3) 证券、投资银行业务的承销和包销业务也有严格的购买关联企业证券的限制 (4) 声誉风险 (5) 认购价格的公平性 (6) 利益冲突：向客户推荐、代客户购买的产品和服务等行为可能或被认为不符合客户、受益人的利益 (7) 内幕交易 (8) 市场操纵
集团内某一机构将自己的服务与其他子机构服务或产品捆绑销售	(1) 银行在向客户提供贷款时，规定客户贷款部分或全部用于购买其证券附属机构所承销的证券、关联公司的货币基金、共同基金、信托产品、保险产品等 (2) 集团内不同子机构在向客户提供服务时直接规定使用集团内托管子机构、清算子机构的服务，而未考虑其他可能的服务提供商报价	(1) 声誉风险 (2) 不正当竞争 (3) 利益冲突：向客户推荐、代客户购买的产品和服务等行为可能或被认为不符合客户、受益人的最佳利益
集团内部签订服务协议或委托管理协议	(1) 集团将部分业务外包给具有相似职能的附属机构，如银行机构委托证券研究子机构进行研究等 (2) 集团将某些附属机构（小型或境外）交由其他成员公司管理层代管，并支付管理费	(1) 声誉风险 (2) 利润转移 (3) 服务费/管理费定价问题 (4) 成员公司经营问题影响附属机构正常经营

交易描述	具体表现形式	可能的风险传染
保险及再保险安排（风险转移）	（1）共同再保险（Mutual Reinsurance）：集团多个保险附属机构组建或参与共同再保险业务 （2）涉及保险公司偿付准备金（Solvency Margin）的交易	（1）对于保险赔付义务的分配安排可能导致利益或风险在集团成员间的分配 （2）保险产品证券化过程中其他成员参与承销、信用增级、债券投资等环节，导致集团的信用风险、市场风险、流动性风险增加 （3）使用偿付准备金投资关联企业发行的产品造成损失，带来保险公司的偿付危机和声誉风险
资产证券化（将与第三方有关的风险在集团内部不同集团成员公司之间进行转移的交易）	（1）银行机构作为资产证券化交易的发起人将信贷产品证券化 （2）银行机构参与资产支持商业票据（ABCP）的发行 （3）银行或其他子机构作为证券化SPE掉期或非信用衍生品交易对手 （4）资产管理子机构与SPE签订服务合约提供管理资产池的服务 （5）信托子机构与SPE签订服务合约提供信托服务 （6）证券子机构负责资产支持债券的发行并提供流动性便利支持 （7）银行作为发起机构保留证券化产品的权益层级或较低评价债项 （8）附属机构作为二级市场投资者购买非集团发起的证券化产品 （9）集团各附属机构购买复杂的信用衍生品代客投资或进行套期保值交易	（1）交易本身的风险：①基础资产现金流不足导致SPE违约风险；②资产池债务人提前还款，导致SPE再投资风险；③未能实现基础资产的真实出售或出现双重课税的结构风险 （2）服务转移风险：资产管理机构破产或评级降至某一等级以下，服务职能需转移至其他机构 （3）流动性风险：资产管理机构解任后，后续机构交接过程中的回收资产不力，资金支付延误 （4）证券化产品的风险：对资产证券化结构和实质理解不足，后台支持的估值模型和计量工具跟不上前台创新速度；证券化产品的担保人信用评级降低，证券化产品的评级受到拖累 （5）系统性风险：各机构全面参与证券化市场，暴露在证券化产品信用风险、市场风险和流动性风险中，某一环节出现问题，形成系统性风险在整个集团内的传导

2. 非接触型风险传染的渠道和表现形式

非接触型风险传染是指集团内部实体之间无业务接触，但仍出现了风险传染的结果。其特点是这种风险传染不通过具体的载体，而存在于集团经营的各方面。非接触型风险传染主要的传染渠道和方式有：

（1）声誉风险。声誉风险是指由银行集团经营、管理及其他行为或外部事件导致利益相关方对集团负面评价的风险。良好的声誉是银行集团维护良好的投资关系、顾客关系和信贷关系等诸多关系的保证。关于集团成员的负面的公开消息报道不论确凿与否，均有可能损害集团内其他成员的诚信形象，进而损害集团或成员与现有及潜在的客户、股东等的关系。股东、客户对集团整体信心的降低，可能对集团成员的融资活动造成较大的负面影响，这是最为典型的非接触型风险传染。银行集团可以在集团内部附属机构之间建立"资金防火墙"，但无法有效构建市场的"信心防火墙"，当附属机构出现财务危机时，市场参与者常常会将不信任扩大至整个银行集团，出现银行挤兑和基金赎回等情况，造成偿付能力减弱、流动性不足，集团面临资产质量和经营状况恶化的不利局面。

（2）道德风险。道德风险是指从事经济活动的人，在最大限度地增进自身效用的同时做出不利于他人的行动。在一些特殊情况下，为了追求自身的经济利益，有的银行集团附属机构认为自身发生危机时会得到集团或集团其他成员的救助，因而倾向于更多地参与高风险经营活动，从而导致过高的风险暴露。一旦集团成员在实际发生危机时得到集团或集团其他成员的救助，又将强化集团成员上述的心理预期，进一步提高发生道德风险的概率。

（3）合规风险。合规风险是指银行未能遵循法律、监管要求、自律性组织制定的有关准则以及适用于银行自身业务活动的行为准则，而可能遭受法律制裁和监管处罚、受到重大财务损失和声誉损失的风险。合规风险具体表现在：①当集团母公司或其重要子机构财务状况恶化，对与其关联的附属机构的评级造成负面影响；②集团母公司或其重要子机构的财务、经营引发监管层担忧，进而对受到行业监管的其他附属机构（银行、保险等）提出更高的资本金和拨备监管要求；③集团母公司出现重大违规事件后，集团的诚信状况和内部管理机制引发监管部门担忧，导致附属机构无法获得一些业务的经营许可或牌照。

第二节 国际上风险隔离的主要监管框架

20世纪90年代以来，国际组织和各国监管当局加强了对包括银行集团在内的金融集团在风险传染方面的监管，制定了一系列相关的要求或指引。国际组织和各国监管当局对金融集团在风险传染的监管要求，主要集中于内部交易与大额风险暴露、防火墙建设和信息披露要求等方面。

一、内部交易与大额风险暴露的监管要求

1. 巴塞尔委员会的相关规定

一是《有效银行监管核心原则》。2012年，巴塞尔委员会颁布了2012年版的《有效银行监管核心原则》，对银行集团风险隔离机制提出了一定的监管要求（见表6-3）。其内容包括集中度风险和大额风险暴露限额、限制银行与关联方的交易等。

表 6-3 　2012 年版《有效银行监管核心原则》有关内部交易和大额风险暴露的规定

原则	主要内容
原则 19：集中度风险和大额风险暴露限额	监管机构确定银行具备完善的政策和程序，及时识别、计量、评估、监测、报告和控制或缓释集中度风险；监管机构规定审慎性限额，限制银行对单一交易对手或一组关联交易对手的风险敞口
原则 20：与关联方的交易	为防止关联交易所带来的问题并解决利益冲突，监管机构要求银行按照市场原则与关联方开展交易、监测这些交易、采取市场的措施控制或缓解各类风险、按标准的政策和程序冲销对关联方的风险敞口

资料来源：根据相关法律文件整理。

二是《大额风险暴露计量与控制监管框架》。2014 年 4 月，巴塞尔委员会发布了《大额风险暴露计量与控制监管框架》文件。根据该文件，大额风险暴露是指银行的交易对手（包括单一交易对手或关联集团）风险暴露大于等于银行合格资本 10% 的情况。该文件强调：①信贷集中并非一定能增加预期回报，但却可能产生巨大损失，因此对关联交易对手的贷款需要特别注意；②此次金融危机表明，商业银行不能有效地测度和管控单一交易对手或关联集团（由彼此关联的交易对手组成）的大额风险暴露，容易产生经营风险；③在允许此类关联贷款的国家，监管当局应施加限额控制，并对关联贷款的累计总额进行严格控制。该文件认为，健全的并表监管制度应包括下列内容：①界定信用风险，包括银行账户和交易账户的所有表内外风险暴露；②界定交易对手，包含单一交易对手或关联集团；③银行集团对交易对手的风险暴露上限不得高于银行合格资本的 25%，若超过上限，银行需要立即向监管者报告并及时采取纠正措施。

2. 联合论坛的相关规定

一是《金融集团监管原则》。2012 年，由巴塞尔银行监管委员会、国际证监会组织以及国际保险监督官组织共同设立的联

合论坛公布了 2012 年版《金融集团监管原则》。原则第 28 条
对风险集中、集团内部交易及其风险敞口做出了详细规定（见
表 6-4）。

表 6-4　2012 年版《金融集团监管原则》有关内部交易和大额风险暴露的规定

原则	主要内容
原则 28	监管机构应要求金融集团建立有效的系统和流程，以管理和报告集团范围的风险集中度、集团内部交易及其风险敞口
执行标准	(1) 监管机构应要求金融集团建立有效的系统和流程，以识别、评估和报告集团的风险集中情况（包括对风险集中度进行监测及控制） (2) 监管机构应要求金融集团建立有效的系统和程序，以识别、评估和报告集团内部交易及其风险敞口 (3) 监管机构应要求金融集团定期报告整个集团层面重要的风险集中度情况、集团内部交易及其风险敞口 (4) 监管机构应考虑设置量化限制指标及充分的报告要求
解释说明	(1) 监管机构应确保金融集团切实管理风险集中、集团内部交易及其风险敞口 (2) 监管机构应鼓励对风险集中、集团内部交易及其风险敞口情况信息公开 (3) 监管机构之间应保持密切联系，在必要的时候协同合作，对金融集团的风险集中、集团内部交易及其风险敞口进行监管 (4) 监管机构有效应对重大风险集中、集团内部交易及其风险敞口可能对受监管附属机构，或整个金融集团造成的不利影响

资料来源：根据相关法律文件整理。

二是《金融集团内部交易和风险控制原则》。1999 年 12 月，
联合论坛公布了《金融集团内部交易和风险控制原则》，这是该
组织专门针对金融集团内部交易发布的首份文件。该文件分别
就风险管理、内部交易报告、公开披露、监管合作和内部交易
处理等问题提出了五条重要的指导性原则（见表 6-5）。

表 6-5　《金融集团内部交易和风险控制原则》有关内部交易和大额风险暴露的规定

原则	主要内容
原则 1	监管者应当采取措施，直接或者通过被监管实体提供报告，说明金融集团作为整体已经制定了足够的风险管理程序，包括关于内部交易及其风险暴露的内容；如果有必要，监管者应当考虑采取适当的措施强化这些过程

续表

原则	主要内容
原则2	如果有必要，监管者应当每天通过正规的报告或其他方法，监督被监管金融机构的内部交易和风险暴露情况，从而保持对金融集团的内部交易及风险暴露的清醒认识
原则3	监管者应当鼓励内部交易和风险暴露程度的公开披露
原则4	监管者之间应当紧密合作，了解其他监管者的关注事项，在对集团内部交易采取任何行动时进行紧密合作
原则5	监管者应当有效和适当地处理那些可能对被监管实体产生不利影响的内部交易；这些影响或者直接，或者通过对整个集团的不利影响而作用于被监管实体

资料来源：根据相关法律文件整理。

3. 欧盟

欧盟1992年12月发布的《大额风险暴露指令》和2002年12月发布的《欧洲金融集团监管指令》提出了对金融集团大额风险暴露的定量监管要求和对内部交易的定性监管要求（见表6-6）。《大额风险暴露指令》对集团大额风险暴露和非金融机构的持股总额规定了总量上的限制。大额风险是指等于或超过单个机构自有资金10%的风险，单个大额风险暴露不得超过集团自有资金的25%。此外，银行在非金融机构的适当性持股不得超过自有资金的15%；就持股总额而言，不得超过自有资金的60%。《欧洲金融集团监管指令》（对欧洲议会和理事会指令的建议）的条款8——"集团内部交易和风险集中"认为，对集团内部交易和大额风险暴露的监管应该建立在三个支柱上：一是要具有有效的内控机制及管理体系的内部管理制度；二是要有向监管者报告的报告制度；三是要具备有效实施监管的权力，集团内部交易必须满足补充的监管要求。但该指令在内部交易与风险集中的数量限额方面没有做硬性规定，而是将这一问题交由欧盟各成员国自行裁量。此外，为了保证对金融集团内的被监管实体实施正确有效的补充监管，欧盟在指令中提出应当任命协调者，负责在各监管机构间进行协调和协助补充性监管的实施。

表6-6 欧盟对金融集团内部交易的监管要求

并表管理	补充监管要求
集团内部交易的风险管理流程	在金融集团层面，管理层必须考虑所有可能的风险，对风险策略和政策进行核准和定期评估；以保证良好的治理和风险管理
	保证足够的资本充足率，以应对不同业务战略对风险状况和资本要求的影响
	风险监测应纳入整个集团体系中，所有措施的执行要持续进行，以保证风险在集团层面得以计量、监测和控制
集团内部交易的内部控制机制	应拥有足够的内控机制保证资本能够识别和计量所有重大风险，将自有资金与风险相挂钩
	应具备健全的报告和会计方法，以恰当地识别、计量、监测和控制集团内部交易和风险集中度
集团内部交易的报告制度	被监管机构或金融集团应定期（至少每年）向负责补充性监管的机构报告重要的集团内部交易和集团层面的风险集中度

资料来源：根据相关法律文件整理。

4. 中国香港

中国香港金管局《监管政策手册》指出，集团内部交易和对风险传染的敏感度是需要特别关注的有关集团内部风险的两大因素。中国香港金管局会对持牌法人银行参与的重大集团内部交易的公允性进行评估。持牌法人银行对风险传染的敏感度取决于该银行不依赖母公司或者集团内部关联方的名义或支持，从市场筹集资金和获得流动性的能力。《监管政策手册》CR-G-9"关联贷款"要求，本地注册认可的机构向所有关联方提供的无抵押贷款总额最高不得超过机构资本金的10%，向关联自然人提供的无抵押贷款总额不得超过每位自然人100万港元或该机构资本金的5%。根据中国香港《银行业条例》的规定，机构对任何一人①或一组有联系的人所承担的财务风险不得超过资本金的25%②，机构持有一间或多间公司的任何股本总值不应超过其资本金的25%，机构所持有的土地权益同样不可超过资本金的25%。

根据中国香港《银行业条例》的规定，中国香港金管局应考虑集团内部其他姊妹公司的经营活动可能对持牌法人银行产生的影响，以降低集团内部关联方给持牌法人银行带来的潜在风险（见表6-7）。在实践中，金管局运用资本充足率、流动性、大额风险暴露、关联贷款等审慎监管工具，来评估银行集团整体的稳健性。

表6-7　中国香港金管局对三类银行集团内部风险传染相关的监管要求

银行集团类型	监管方法	主要内容
银行集团下辖一个在中国香港注册的持牌法人银行及其附属机构	定量审慎限制	(1) 资本充足率。当银行的附属机构受其他监管机构监管时，一般对这些附属机构所持有的股份都必须从银行的资本基础中扣除。此外，如果银行附属的保险或证券附属机构不能满足最低资本要求，并且在规定的时限内未能及时采取适当的补救措施，中国香港金管局可以要求将相应的资金缺口从商业银行的资本中扣除 (2) 流动性。如果银行与其附属机构的内部交易可能对其流动性构成实质性影响，这些附属机构也应纳入流动性比例的并表监管范围 (3) 风险敞口限制。持牌法人银行在并表基础上必须遵守特定的风险敞口限额，包括与大额风险暴露、关联贷款、重大投资或收购等有关的风险敞口限制

---

① 包括自然人和法人，也包括任何合伙、共同机构以及法人或非法人团体组织。

② 中国香港金管局在《监管政策手册》CR-G-8"大额风险承担及风险集中"里指出，机构对某一交易对手或一组有联系的交易对手的任何风险承担超出或相当于机构资本的10%，即被视作大额风险承担。

续表

银行集团类型	监管方法	主要内容
银行集团下辖一个在中国香港注册的持牌法人银行及其附属机构	定性评估	(1) 董事会负责确保银行已制定全面的制度和流程以度量、管理、监督和报告整个银行集团层面风险 (2) 建立必要的内控机制，及时生成和报送相关的并表数据、信息，协助中国香港金管局对风险集中度、内部交易进行并表风险评估和监管 (3) 建立与其经营规模和业务复杂程度相适应的内部资本充足率评估程序和风险管理制度等
跨国银行集团或其他受监管的国际金融控股集团（在中国香港境外注册）下辖持牌法人银行及其姊妹公司，持牌法人银行还可下辖其他附属机构	将借鉴其母银行/控股公司的所在国银行业监管机构所做出的评估	在接受单独监管和并表监管的基础上，还要接受控股人集团检查（Controller Group Review） (1) 银行集团应具有明晰的法律结构、管理结构和运作结构，集团公司治理和管理监督与集团业务结构相匹配
不受监管的国际金融控股集团下辖持牌法人银行及其他附属金融机构、附属非金融机构，持牌法人银行自身不再下辖其他附属机构	主要由境外监管机构负责对持牌法人银行的控股公司进行并表监管	(2) 集团内部交易和对风险传染的敏感度是需要特别关注的有关集团内部风险的两大因素 (3) 银行控股股东必须具备足够强的财务实力来为持牌法人银行持续提供必要的支持 (4) 必须在集团层面建立必要的风险管理制度流程和内部控制机制 (5) 银行控股股东每年向金管局报送监管信息，报告可能影响其财务状况、主营业务及其风险管理的任何发展变化

资料来源：根据相关法律文件整理。

二、银行业金融防火墙构建的监管要求

从国际上看，银行业金融防火墙的建立主要划分为通过独立法人制度实现分隔效果的法人防火墙，以及针对不同的关联法人实体和同一实体的不同部门之间的各种联系媒介（如资金、人事、信息等）而设立的业务防火墙等模式。以下以美国和日本为例，阐述银行业对金融防火墙构建的相关规定。

1. 美国《格拉斯—斯蒂格尔法案》和《金融服务现代化法案》

美国 1933 年制定《格拉斯—斯蒂格尔法案》，将商业银行业务与投资银行业务严格划分开，形成分业经营的模式，构建了严格意义上的防火墙。该法案的规定主要包括：①一般禁止联储的成员银行用自己的账户购买证券，但国民银行例外。国民银行可以用自己的账户购买和持有投资证券，但数额不能超过银行股本的 10%，也不能超过银行公积金的 10%。这里所指的投资证券包括债券、票据和被货币监理署认可的公司信用债。②允许商业银行在顾客发出指令并在运用顾客账户的前提下直接购买和销售证券。③吸收存款的组织禁止从事任何以批发、零售或辛迪加的方式进行股票、债券、公司信用债、票据和其他证券的发行、销售或分配业务，但联邦政府批准的债券除外。④禁止联储成员银行与主要从事证券发行、包销、拍卖或分配活动的任何公司、企业经营信托、公众或其他类似的组织发生联属关系。⑤禁止联储成员银行与主要从事证券包销和分配的公司有交叉领导关系或紧密的人事关系。

美国 1999 年 11 月通过的《格莱姆—里奇—伯利里法案》（GLB 法案），又称《金融服务现代化法案》，废除了 1933 年《格拉斯—斯蒂格尔法案》和 1956 年《银行控股公司法案》限制银行、证券和保险综合经营的相关条款，标志着美国 66 年金融分业的终结。在综合经营中，为了防范风险的相互传染，GLB 法案在第 23-A 和第 23-B 条款中，专门设置了金融控股公司的"防火墙"制度。其主要内容包括：①在金融控股公司内部，银行对所有非银行附属机构（包括金融控股公司本身）的贷款合计不得超过银行资本的 20%，对每个非银行分支机构的贷款不得超过银行资本的 10%，而且非银行附属机构要提供以政府债券或现金为主的抵押或担保。②银行对内部非银行附属机构的贷款与对外部非银行附属机构的贷款收取同样的利率，以保证外部非银行机构处于公平的竞争环境。③对银行购买非银行附属机构的资产进行比例限制，银行拥有的比例不能超过非银行附属机构资产的 10%。④银行不能对内部非银行附属机构的证券发行提供担保。⑤限制银行购买内部非银行附属机构发行的债券。⑥限制银行通过第三方对内部非银行附属机构提供资金。

2. 日本的"防火墙"制度

日本在制定金融法规和金融改革政策方面，参考了美国的经验，同时结合本国的实际情况，不断建立和完善金融控股公司的防火墙制度。

"二战"结束后，日本参考美国《格拉斯—斯蒂格尔法案》制定了日本证券交易法。其中，该法案第六十五条的规定，完全继承了美国的"银证分离"的监管思路。第六十五条规定：银行不得经营有价证券的自营、承销或代客买卖业务，有价证券的范围包括公司债、受益凭证、外国证券及依法令所规定的证券等。但有下列例外情形：①国债、地方债及政府保证证券等风险性较低的债券；②公共债余额包销及募集业务，但不以卖出为目的；③受顾客书面委托买卖，银行可以委托券商买卖证券或期货；④基于投资目的或依信托契约为信托者买卖有价证券或期货。

由于受到金融国际化趋势的影响，同时为了提升本国金融机构的国际竞争力，美国于 20 世纪八九十年代开始逐渐放宽金融机构综合经营的限制。在这样的背景下，日本国内金融环境也发生了变化。于是，日本证券交易法第六十五条的限制规定开始受到质疑。由于日本金融自由化的步伐相当缓慢，所以直至1996年日本实施"金融大改革"计划时，才开始对"银证分离"制度做出明确的修正，对"银证分离"的制度限制有所放宽，但是法律仍禁止银行的证券附属机构与母银行实施一体经营。近些年，日本非常重视金融控股公司的防火墙制度的发展和完善，主要有以下几项规定：①主办银行防火墙措施。银行与其特定关系者或其特定关系者的企业顾客之间依照一般的交易条件，不得从事不利于该银行的交易或行为，即"独立当事者间交易原则"，这是从"防止利益冲突"交易的角度出发所制定的规定。②信息交换的限制。金融机构母公司与证券附属机构间原则上不得交换客户未公开信息（经过客户书面同意的除外，须逐项获得客户同意）。③联合访问的禁止。除非应客户要求，金融机构母公司不得与证券附属机构联合访问顾客。④共同营业场所的限制。金融机构母公司与证券附属机构不得设置于同一建筑内，双方不得共用电脑设备、交易室等。⑤董事兼职的限制。银行控股公司的常务董事，除经金融主管机关许可外，不得兼任其他公司的常务董事。⑥制定自有资本比率基准。为确保银行经营的稳健性，金融监管机构可制定自有资本比率基准，用以判断银行控股公司及其附属机构的自有资本充足情况是否适当。⑦合并财务报表等信息的披露。银行控股公司在每个营业年度（从4月1日至第二年的4月31日），必须连续记载银行控股公司及其附属机构的业务情况、财务状况，并编制业务报告书等提交给大藏省（日本主管金融的行政机关）。另外，银行控股公司在每个营业年度必须制作合并的资产负债表及损益表，并于该营业年度结束后三个月以内公告。银行控股公司在每个营业年度，要对自身及其附属机构的业务、财务状况做出书面说明，并放置于其银行附属机构的主要营业场所，供公众查阅。

三、危机后国际上对风险隔离加强监管

此次全球金融危机中，大型银行集团暴露出对风险控制不足的问题，不但未能分散自身风险，反而导致了集团内部的风险传染。危机后，各国加强了对银行集团的监管，或是限制商业银行介入高风险交易业务，或是提高商业银行开展自营业务的监管要求，力争有效防止风险传染。

（1）限制商业银行从事自营业务，防止高风险业务的风险蔓延至传统银行业务。2013 年 12 月，美国金融监管当局发布《实施"沃尔克规则"的最终规则》，原则上禁止参与存款保险的商业银行或银行控股公司从事以证券、衍生品、商品期货和期权为标的的自营交易，并限制银行投资对冲基金和私募股权基金。同月，英国颁布了《银行业改革法案》，要求在银行集团内部设立单独的零售银行法人，与自营业务、投资银行等风险较高的业务实现分离。

（2）出台《巴塞尔资本协议 III》，加强对商业银行监管。2010 年 12 月，巴塞尔委员会出台了《巴塞尔资本协议 III》，要求针对交易账户完善市场风险管理框架；要求大幅度提高证券化产品，尤其是再资产证券化产品的风险权重；要求大幅度提高交易业务的资本要求，大幅度提高场外衍生品交易和证券融资业务的交易对手信用风险的资本要求。

（3）重视系统性风险及其传染性，强调宏微观审慎监管的配合。第一，通过构建具有系统性风险监管职能的机构，加强对系统性风险的监管。增强对系统性风险的监测、预警并协调监管行动，是各国加强对银行集团监管的一个重要举措。第二，通过优化审慎监管工具，提升宏观审慎监管水平。在实施资本监管时，强调应根据系统性风险随经济周期变动的特征提出逆周期资本要求，并根据不同金融机构对系统性风险的贡献度提出差异性的资本要求。第三，通过加大对系统重要性金融机构的监管力度，控制风险的溢出效应。

第三节　银行集团风险隔离的国际经验

为有效控制银行集团风险，在国际组织、各国监管机构加强并表监管的同时，各银行集团也对避免或减少风险传染问题不断进行探索。当前国际知名的银行集团对风险隔离主要采取了以下措施。

一、建立全面的风险管理体系

全面的风险管理体系是银行集团风险隔离与风险控制的重要保障。许多国际知名的银行集团在建立统筹的风险管控机制时，都综合考虑了集团战略规划、业务发展、资本占用、风险调整后综合收益、国内外最新监管要求等因素，统筹确定、分解下达附属公司的风险限额及风险容忍度，并定期调整。集团也普遍要求各附属机构要建立与其业务性质、规模和复杂程度相适应的风险管理体系；特别是在内部交易、关联交易管理方面，应建立相应的制度规范、流程，并实施相关管理措施，确保与集团风险管理和战略发展目标相一致。

二、完善内部交易及信息披露制度

完备的内部交易管理制度是银行集团风险隔离与风险控制的重要工具。各国银行集团主要通过以下方式规范内部交易行为：一是完善内部交易制度。银行集团在公司章程和集团规章中均明确内部交易制度，规范银行与附属机构、附属机构之间的内部交易，通过关注内部交易形成的风险转移，特别是非银行附属机构与银行之间的风险转移，有效控制内部交易对集团稳健经营带来的负面影响。二是严控内部交易审批。银行集团均建立健全岗位责任制和责任分离制度，做到不同业务或同一业务的不同环节由不同的人员负责办理，以确保相互的业务监督牵制。三是明确信息披露要求。银行集团均披露重大内部交易，特别是那些将对集团财务健康带来不利影响的内部交易。四是明确对内部交易的信息报告制度。附属机构必须逐级向集团上报，集团必须定期向公众和监管机构报告。报告内容主要包括但不限于：内部交易方、内部交易方与集团关系的性质、内部交易方之间的关系；重大内部交易的主要内容；重大内部交易审议决策文件；本年度累计已发生的内部交易金额总和；监管机构认为需要报告的其他事项。

三、搭建有效的防火墙体系

银行集团成立的意义之一就在于其能因范围经济、规模经济而形成协同效应。但如果对协同的管理不善，就会形成负面协同效应，即集团内的金融机构间产生风险传递，以及发生风险外溢到集团外的现象。为了充分发挥正向协同效应，各国的银行集团都设立了必要的防火墙体系，以减弱集团内的风险传染与风险外溢。具体而言，国际领先银行集团均构建了以下几项防火墙体系。

1. 法人防火墙

法人防火墙是风险隔离机制的基础。银行集团的附属机构多为独立的法人主体，并建立了现代公司治理制度，集团可通过严格的规范程序对附属机构行使股东的权利和义务。附属机构之间互相独立，不得相互干涉各自的经营和管理，以区隔风险的传染。

2. 业务防火墙

各国银行集团均严格限制附属机构之间的业务往来，集团内部的交易均被要求以通常的"公平交易"原则进行，不得损害银行经营的稳健要求，并在投资、贷款、保险及再保险、担保、银行安慰函、交叉违约条款等方面加强管理：一是强化银行机构直接或间接向集团内其他附属机构或关联机构提供贷款的管控；二是强化银行机构向集团内其他附属机构或关联机构提供贷款承诺的管控，包括透支便利、循环信贷安排和抵押信用额度以及其他类似交易的管控；三是强化对母银行和附属机构向集团内其他附属机构或关联机构提供贷款担保以及产品（证券化产品等）担保的管控。

3. 人员防火墙

银行集团高级管理层的任职资格、适格性均须经过监管机构严格的审查。一是对持有超过某一特定股份份额的股东、管理层和董事，应通过适任性、适当性或其他的资格测试。二是对控股公司和附属机构高管层的相互兼职应加以适当的限制。三是对在不受监管的其他附属机构的任职、对整个集团或受监管的公司的经营管理决策有重大影响的高管层应予以关注。

4. 共同营销防火墙

各国银行集团与附属机构或附属机构之间共同业务推广、共同营业设备或营业场所等联合经营行为均受到一定程度的监管限制。在联合营销中，集团被要求明确区分经营场所和人员，向客户充分披露提供的金融产品或服务的内容、风险和背景等信息。例如，证券/投资银行子公司通过银行机构推销、承销或包销的证券，信托子公司通过银行机构发行信托理财产品，基金子公司通过银行机构发行共同基金、ETF 及集合理财产品，保险子公司通过银行机构发行保险产品等，都要按照上述要求办理业务。监管机构也禁止银行集团内某一附属机构将自己的服务与其他附属机构服务或产品捆绑销售。如银行在向客户提供贷款时，禁止规定客户贷款部分或全部用于购买其证券附属机构所承销的证券、关联公司的货币基金、共同基金、信托产品、保险产品等；禁止集团内不同附属机构在向客户提供服务时，直接规定使用集团内托管附属机构、清算附属机构的服务，而未考虑提供其他可能的服务。

5. 信息防火墙

在信息隔离方面，银行集团须严禁对交易有重大影响的信息在集团各附属机构之间的流动，以保证每一个附属机构不是依靠牺牲本公司或其他附属机构客户和股东的利益而获得盈利。信息隔离的具体内容包括：一是阻隔集团内某一部门中的某些人直接或间接掌握利用集团其他部门信息的渠道，以防止内幕交易现象的出现。二是限制交换客户未公布的信息。集团母公司与各控股附属机构之间原则上不得交换客户未公布的信息（经过客户书面同意的除外，但需逐项获取客户同意）。

四、加强对大额风险暴露、流动性及资本充足性的管理

大额风险暴露、流动性及资本充足评估是防止银行集团风险传染中最为关键的一环。大额风险暴露、流动性及资本充足情况是集团风险传染的集中量化表现，是集团采取管控措施的数据基础。因此，国际知名的银行集团都很重视加强对大额风险暴露、流动性及资本充足情况的实时监控和事中管理，以实现集团风险隔离与风险控制的预调和微调，并有效防范风险事件的发生。

1. 大额风险暴露监控

大型银行集团通常根据自身的资本和资产负债规模，制定大额风险暴露的政策和流程；结合集团的资本和资产负债规模情况以及各附属机构的特点，制定集团、本行、附属机构等不同层级的大额风险暴露限额；持续进行并表监测，通过相关报告制度，确保及时识别总体资产组合中的风险集中程度；评估集中度较高的资产对集团的影响，并按照有关管理制度对风险集

中度较高的资产采取相应的措施。

银行集团建立的大额风险暴露的监控体系包括同一客户监控、同一行业监控、同一产品监控、同一国别风险监控和同一币种的风险监控。在同一客户监控方面，银行集团均要求完善集团客户管理模式，逐步在集团层面实现对集团客户的统一管理，强化有效事中控制；对于关联集团及接近监管指标限额的大额集团客户，加强日常集中度监测管理。在同一行业监控方面，银行集团均要求能有效识别集团层面上大额风险暴露最为集中的行业领域、地理区域等相关信息，并结合行业或区域经济周期波动等因素，分析判断这些风险集中可能给集团带来的负面影响。在同一产品监控方面，特别是在结构性融资产品监控方面，集团均要求及时监测自身及其附属机构的结构性融资产品的信用风险暴露，并关注因不同风险因素之间相互关联而产生连锁效应的特定产品的信用风险暴露。在同一国别的风险监控和同一币种的风险监控方面，跨境经营的银行集团均要求建立国家风险监控体系和币种风险监控体系，并根据集团自身的规模和业务特点、业务和币种所属国家或地区的经济实力和稳定性，制定不同国家或地区、币种的大额风险管理政策和程序细则。

同时，各银行集团还定期审查大额风险暴露管理的充分性和有效性。审查考虑的因素包括：资本充足状况、大额风险承担与公司风险集中度管理政策是否一致、交易对手的业务性质以及集团的风险管控能力等。

2. 流动性管理

对于银行集团而言，单个机构的流动性风险一方面可能通过集团机构之间的投资、贷款、保险及再保险、担保、银行安慰函、交叉违约条款关系相互传染，另一方面可能通过集团信誉等非接触型渠道传染，而影响到整个集团。因此，各国银行集团均高度重视流动性风险，并从以下几方面着手进行管理：

（1）做好流动性风险的监测，及时发现潜在的传染性风险。第一，银行集团流动性风险是日常性风险管理，集团的风险管理委员会应当定期评估和开展风险压力测试，确保银行具备充足的资本以覆盖流动性风险。第二，银行集团应根据自身资金状况及有关项目情况，合理安排内部拆借资金的规模与期限，高度重视资金来源与运用之间的期限错配；对于跨境设立的分支机构，还要充分考虑资本管制、外汇管制以及金融市场发展差异程度等因素对流动性的影响，并就风险管理政策和程序做出相应的调整。

（2）建立有效的管理架构，对已识别的潜在流动性危机采取措施。流动性危机流程管理可包括集团高级管理层及相关执行委员会、相关资金管理部门等成员。第一，银行集团应制定应急融资计划，当银行或者任何附属机构的流动性头寸受到市场相关或者银行集团特定的情形威胁时，执行该计划，管理银行集团的流动性资源，并限制过度的融资成本。第二，银行集团应制定向附属机构提供流动性支持的预案，随时准备在附属机构遇到流动性危机时，提供援助性营运资金，切断风险的传染性，以提高整体的稳定性和安全性。

（3）定期评估集团流动性管理政策的充分性和有效性，以及流动性应急预案的充分性和可操作性。银行集团均关注并分析集团整体的资产负债状况、现金流状况等，特别是负债集中度、资产负债期限错配对流动性可能带来的负面影响。

3. 资本充足性管理

资本金是银行集团抵御风险的最后一道防线。许多国际知名的银行集团在资本管理方面主要采取以下几种方式：①要求要根据自身类型与风险状况制定资本充足性标准，在并表基础上计算集团拥有的合格资本，充分考虑资本的期限、损失吸收能力以及收益分配等因素对合格资本产生的影响。②明确核心资本与附属资本的项目构成，审慎确定有关资本项目在核心资本和附属资本中的比重，以持续满足监管要求。③根据其与附属机构以及附属机构之间是否存在交叉持股和相互持有次级债等合格资本工具，以及对集团以外的资本投资等情况，本着谨慎性经营的原则，采取并表轧差、资本扣减和风险加权等方法，确保这些情况在计算集团资本充足水平时已得到审慎处理。④审查母银行及附属机构是否通过发债等方式筹集资金用于相互或对外投资，并对这种情况是否构成对集团稳健性的负面影响予以充分评估。⑤制定多维度的杠杆率指标监测体系，包括净资产与总资产比率、核心资本净额与调整后的资产余额比率等。除计算集团合并杠杆率外，还分别计算银行单一法人的杠杆率以及全部附属机构合并口径的杠杆率。在计算银行单一法人杠杆率时，将母银行对附属机构的资本投资予以扣减，或依据审慎原则予以适当处理。

第四节　我国银行集团在风险隔离中存在的问题

我国商业银行的综合经营和并表管理工作尚处于起步阶段。各银行集团层面的管理框架正在建立过程中，并正在按照《商业银行并表管理与监管指引》的有关要求开展并表管理，控制风险传染。但在实践中，我国银行集团仍存在一些共性的难点问题，并面临着许多新的挑战。

一、并表管理深度尚不明确

我国一些商业银行的附属机构是金融控股集团，旗下有多个子公司和关联公司，公司治理结构比较复杂。母银行对这类附属机构监管，是仅监管到附属机构的集团层面，还是要延伸到附属机构的子公司层面，对该问题目前我国并没有做出明确的监管要求，商业银行之间也未对此问题形成共识。商业银行并表监管深度定位问题没有解决，就无法从根本上解决银行集团的并表管理问题。

二、风险隔离管理机制尚不完善

银行集团风险隔离的管理机制主要包括：通过附属机构的股东会和董事会指导、督促其建立健全有效的风险管理体系，遵循银行集团的总体风险战略、风险偏好和传导机制，逐步建立完整、有效的风险管理组织体系和内部控制制度，对附属机构的总体风险状况及重大风险事项进行监测、评估、提示和应对。目前，部分银行集团在风险隔离的管理体制和机制方面尚不健全，公司治理机制、牵头部门职责需要进一步明确，各业务管理部门之间的职责分工也有待进一步理顺。

三、内部交易风险防范能力不足

我国银行集团对于内部交易已经建立了一系列风险防范措施，但在以下几个方面仍存在不足：

（1）对授信类内部交易缺少具体的量化监管标准。《商业银行并表管理与监管指引》规定银行集团内部交易应当按照商业原则进行。银行集团内部的授信和担保条件不得优于独立第三方。银行集团内部的资产转让、理财安排、同业往来、服务收费、代理交易等应当以市场价格为基础。各银行集团也在有关的内部交易管理制度中对上述原则予以了明确，但出于集团内调节利润、转移风险、税务规避等原因，集团授信类内部交易的公允性在实践中较难得到充分执行，且市场机构和监管部门也较难及时掌握该类交易的全部信息。因此，有必要进一步明确授信类内部交易的范围，制定此类交易的限额，以进一步降低此类交易风险传染的可能。

（2）对投资类内部交易缺少有效的制约措施。银行集团母银行对附属机构、附属机构对孙公司投资控股或参股以及各附属机构间的交叉持股，一方面会在一定程度上增加集团内财务风险传染的可能性；另一方面也会因为同一笔资本的多次转投而形成资本的放大效应，虚增母银行的资本金，放大集团的财务杠杆，导致出现资本不足的风险，并可能进一步削弱集团的风险传染抵御能力。因此，银行集团有必要对集团投资类内部交易进行限制，加强内部投资的管理，扩大集团抵御内部风险传染的安全边际。

（3）对服务类内部交易引发的声誉风险传染缺乏有效的防范措施。银行集团内部的风险传染除了集团内某一机构的市场风险、信用风险或流动性风险通过信贷、投融资或资产转让等途径传染至集团内其他机构之外，还会因大众心理层面的因素，直接影响到集团内其他子公司甚至整个集团的市场声誉。特别是当其他子公司为发生风险或损失的机构提供业务支持、共用同一营业场所或存在其他业务合作关系时，这种心理层面的影响是毋庸置疑的。对此类风险的防范，无法通过风险集中度管理等方式来实现，而必须通过加强业务规范、员工行为管理和强化信息披露等手段，才能最大程度地控制和防范声誉风险的传染。目前，我国银行集团虽然制定了基于集团层面的市场风险、信用风险和流动性风险等的并表管理制度，但对于声誉风险的管理，特别是因服务类内部交易可能引发的声誉风险传染，仍缺少有效的防范措施和应对方案。

（4）对多方参与的综合类内部交易所导致的风险叠加和扩散缺乏有效的监控措施。在综合化经营不断深入推进的情况下，银行集团面临的风险日益复杂，各类风险在一定条件下可以迅速地相互转化和叠加。如在资产证券化业务中，银行作为发起人将信贷资产进行打包，并将资产转移至集团下属的信托公司设立的特殊目的公司（SPV），SPV 再将资产支持证券交给集团下属的证券承销商进行承销，而其他集团下属机构如投资公司、基金公司则作为二级市场投资者参与资产抵押证券的买卖。在此业务中，银行集团的各类机构都一定程度地参与到了同一项资产证券化业务当中，一旦该业务的某个环节或涉及的某家机构出现风险时，则很有可能将风险传染至集团的各个层面。此外，由于银行、信托、证券和基金可能都持有某一类型的风险敞口，但因上述机构分属不同部门监管，对各类风险敞口计提损失准备、计入风险资产的标准和方法不尽相同，银行、信托、证券和基金等不同类型机构的风险加总问题还没有得到很好的解决。目前，银行集团的一般做法是分别计算附属机构风险状况，然后将其进行汇总，方法较为简单，科学性有待提高。

四、人员管理制度有待细化

董事和高管是机构风险管理政策的制定者和管理者，是决定机构风险隔离实施效果的最重要因素。我国一些银行集团对于集团的董事和高管在集团内的兼职缺乏有效的管理手段，可能会削弱集团内风险传染的防范能力。这是因为中高层管理人员在集团内不同机构间兼职，很有可能带动风险在集团内的传递。如银行公司业务部门的经理兼任集团下属基金公司或信托公司董事长，为增加信托公司的理财规模或基金公司的销售业绩，就具备在银行信贷业务中交叉捆绑销售信托计划或基金的动机和条件。在当前信贷规模和房地产业务受到严格控制的情况下，一些兼职的身份也可能会诱发监管套利行为的产生。如在银行信贷部门的经理兼任信托公司或金融租赁公司董事长的情况下，银行可能通过内部交易的安排，利用信托业务或融资租赁等影子银行业务满足其客户的信贷需求而绕开信贷规模限制。鉴于此，《商业银行并表管理与监管指引》专门规定，"商业银行与附属机构之间、附属机构与附属机构之间存在潜在的利益冲突或不当利益输送，可能的岗位原则上不得由一人兼任"。但在实践中，该规定仍有待落实。

五、信息披露透明度有待提高

银行集团内部可能存在复杂的内部交易。仍以资产证券化业务为例，银行集团母银行和附属机构可能以资产证券化的发起人、资产的受让人、证券的承销商、二级市场投资人、证券化资产的管理人以及保险人等各种角色参与资产证券化业务，构成极为复杂的内部交易。如果银行集团的信息披露不充分，集团外的机构及个人很难掌握业务的全面信息，也就较难对业务的风险及其对集团整体风险的影响进行有效的判断。因此，对于自身的信息披露，特别是内部交易的信息披露，银行集团应提出更加严格的要求，向市场提供更具透明度的信息，以充分发挥市场对集团的约束作用。

第五节　对我国银行集团风险隔离的建议

商业银行开展综合经营是我国银行业发展的大势所趋。但在开展综合经营的同时，银行业务结构、组织结构和风险特征的日趋复杂，对银行并表管理和监管提出了更高的要求。建立健全银行集团的风险隔离机制，是加强银行集团并表管理和监管的重点之一。为此，笔者就完善我国银行集团风险隔离机制提出以下几点建议。

一、完善银行集团层面并表管理机制

银行集团应推动优化本行和附属机构的组织体系，明确管理职责，通过派出董事引导附属机构制定科学的风险战略和政策，建立健全有效的风险管理制度体系和管理框架。集团作为附属机构的出资人，以出资额为限行使股东权利，应进一步健全通过派出董事参与附属机构董事会决策、实施风险管理的机制。这一机制包括：通过附属机构的股东会和董事会指导、督促其建立健全有效的风险管理体系，制定遵循集团总体风险战略的风险偏好和传导机制，逐步建立完整、有效的风险管理组织体系和内部控制制度，对附属机构的总体风险状况及重大风险事项进行监测、评估、提示和应对。

二、规范银行集团内部交易行为

银行集团各相关部门、境内外分支机构和附属机构应加强内部交易的管理、监测、统计与分析，及时、完整、真实地报告集团内部交易情况。集团内部交易管理应实行"条线分工、归口管理"的管理模式：董事会负责定期审查集团内部交易情况，并按有关规定报告银行业监管机构；高级管理层要定时审查并批准集团内部交易管理制度和重大内部交易事项，审定集团内部交易管理情况报告；集团各相关业务部门、各境内外分支机构、各附属机构应按照有关监管规定，落实内部交易管理具体职责。

1. 授信类内部交易

对于授信类内部交易，银行集团应当从以下方面加强管理：一是应细化授信类内部交易的范围。要按照《商业银行与内部人和股东关联交易管理办法》的规定，明确授信类内部交易包括"商业银行向客户直接提供资金支持，或者对客户在开展有关经济活动中可能产生的赔偿、支付责任做出保证，包括贷款、贷款承诺、承兑、贴现、证券回购、贸易融资、保理、信用证、保函、透支、拆借、担保等表内外业务"。二是应明确对银行机构与其他关联方授信类业务的管理。对于银行机构与其他关联方的授信类业务，必须按照"公平原则"处理，其利率、担保条件、保证金比例等均不得优于同等条件下的独立第三方。要明确银行对其他子机构贷款、提供担保、承兑、签发信用证等，其他子机构应提供以国债或现金为主的抵押或担保。三是应设定严格的内部交易限额。在集团内，银行机构为其他附属机构提供授信类内部交易时，应确保银行对单个其他附属机构的该类交易余额以及对所有附属机构的该类交易余额合计数额，均不得超过银行资本净额的一定限额。

2. 投资类内部交易

投资类内部交易，即集团母银行或成员向另一成员进行投资或提供筹资安排。其中，集团各附属机构间的交叉持股，会在一定程度上加大财务风险的传染力度，造成"一损俱损"的后果。因此，银行集团应对集团内各机构之间的交叉持股从严控制，禁止附属机构直接或间接持有母银行股份，同时严格审批流程，并按监管规定进行资本扣减。

3.综合类内部交易

综合类内部交易涉及集团内银行、信托、证券等各类金融机构，而各类金融机构的风险度量和评估手段以及对资本的要求各不相同，对不同类别的风险也不能简单加总。因此，银行集团的风险评估必须充分考虑集团内风险传染和多样化效应，科学评估集团组织架构下各层次的风险加总方法，通过 IT 系统的建设和完善，建立科学的风险评估模型，提高自身的风险评估能力。

三、完善信息系统建设和风险集中度管理

完善信息系统建设、强化风险集中度管理是银行集团健全风险隔离机制的重要环节。风险集中是风险传染的主要来源之一。银行集团层面的贷款组合如果集中于相关性高或传染性强的客户群体、行业、区域时，一旦该群体、行业、区域出现整体风险，客户违约数量就会在某些区域、时段出现集中聚集，从而形成信用风险在银行集团间的传染，可能导致大规模的损失。因此，监管机构和银行集团应从以下几方面完善信息系统，加强风险集中度管理：

（1）监管机构应设定明确的比例限额监管指标，具体而言可包括：明确银行集团对单一客户或单一集团客户信用风险敞口占母银行资本净额的比例上限；制定区域、行业、产品的限额标准，尤其是对房地产业、衍生产品、境外业务等风险较高的环节设定限额。

（2）银行集团应完善信息收集与监测机制，实现集团信息系统与各子公司信息系统的自动对接，为客户集中度风险的并表

管理与统一监测提供必要的数据管理基础。同时，应强化对大额风险暴露及风险集中的监测力度，及时预警并采取妥善的风险分散及管控措施。

（3）银行集团应加强对单一大额集团客户的管理，加强对集团客户家谱的管理应用，强化子公司在授信调查、审查与审批中对于客户在整个集团范围内授信情况的充分运用。银行集团应统一发起母银行及其他子公司对该类大额集团客户的并表统一授信，并结合业务发展需要，进行合理的额度切分及监测管理，实现客户集中度风险的并表管控。

四、建立强制信息披露制度

强制信息披露制度是促进银行集团风险隔离的外部动力。因此，针对内部各项业务，银行集团应建立一套完善的信息披露制度，根据业务特点和监管要求及时将业务信息向监管机构和内部监督部门做出真实、准确、完整的披露，以便外部监管机构和内部监督部门能够实现对银行集团运作情况的实时掌控。具体包括：①应提高基础信息的透明度，如及时披露母银行与各附属机构之间的交叉持股情况、集团内部的人员任职情况等；②应提高关联交易和内部交易的透明度，如披露集团各公司之间的业务合作情况，内部交易、关联交易的定价和交易数额，尤其是提高大额关联交易的透明度；③应提高集团内部信息流动的透明度，以防范利用信息的非法转移损害客户利益等情况的发生。

结　语

本书在分析银行集团存在的风险及其表现形式的基础上，从五个方面研究了银行集团并表管理与监管问题：一是分析了金融危机发生后全球金融业综合经营概况和相关监管改革情况；二是对银行集团自身的公司治理问题进行了分析；三是对银行集团的风险传染问题进行了研究；四是对银行集团的并表风险管理问题进行了探讨；五是对银行集团的资本管理问题进行了论述。综合上文的论述，笔者得出以下几点结论：

（1）银行集团综合经营应平衡好业务扩张与管控能力、盈利能力之间的关系。与传统商业银行相比，银行集团的优势在于能够为客户提供较为全面的服务，能够有效地连接货币市场、资本市场和保险市场，将各种金融业务进行有效组合，从而降低经营成本，发挥规模经济和协同效应的优势。但全球金融危机以来业界对于综合经营的争论表明，银行集团是否有能力从事多元化经营，取决于其能否妥善处理好业务扩张与管控能力、盈利能力之间的平衡。银行集团只有厘清风险及形成机制，合理设计内部公司治理、风险管理、资本管理等机制，并健全有效的外部监管体系，银行集团的综合经营优势才能得以发挥。

（2）银行集团应构建良好的公司治理架构。组建良好的银行集团不是简单的金融机构的叠加。通过建立合理的公司治理架构，对集团内部子公司的人、财、物等资源进行有效整合与管理，是银行集团实现有效并表管理的关键。加强银行集团公司治理，既要通过完善集团治理架构和机制，引导和促使子公司经营行为符合集团发展战略要求，有效利用和发挥集团整体优势；又要在子公司遵守相关监管法规的基础上，切实增强集团协同联动能力及集团成员的自主发展、自我约束的市场竞争能力，完善各具特点的科学发展模式，以促进集团整体资源配置效率和经营绩效的提升。

（3）银行集团应具备充足的资本以满足运营和抵御风险的需要。复杂的组织形式决定了银行集团对资本管理的要求应比单家银行更高。银行集团需要确定其抵御经营风险所需要的资本，并充分利用资本工具和资本管理技术以提高资本管理和配置效率，保证资本平衡，实现集团有效的资本管理。同时，为了确保各附属机构具有足够的资本，集团也需要采取一定的措施以防止同一资本在集团的多个实体之间被重复计算。

（4）银行集团应加强并表风险管理。由于银行集团经营范围涉及不同金融行业，组织结构复杂，这给集团的并表风险管理带来很大的挑战。因此，银行集团应设定系统的集团风险管理框架，定义集团层面的风险偏好和风险容忍度，完善专业风险管理技术，并依靠成熟的并表管理信息系统对各附属机构、各条线面临的各类风险进行识别、评估、控制、预警，并将风险信息上报，使得母银行能够对集团整体风险状况进行综合评估和有效管理。

（5）银行集团应完善风险隔离机制。银行集团产生的原因即在于利用集团内部的结构关系将资源在母银行和附属机构之间、附属机构内部之间进行优化配置，从而降低运营成本，实现协同效应与规模经济。但经验表明，银行集团内部的日常资金调度、风险敞口管理和调整、特殊交易或产品结构等安排，可能会改变集团的整体风险轮廓和引发风险传染。因此，在银行集团并表管理与监管中，需要厘清集团风险传染路径，设定风险隔离措施，规范内部交易行为，并建立良好的信息披露制度。

（6）我国银行集团应进一步完善并表管理以充分发挥综合经营优势。近年来，在我国稳步推进利率市场化背景下，商业银行将综合经营作为有效对冲利差收入下降的手段之一，开展综合经营的动力不断增强。对于我国一些较早开展综合经营的银行集团而言，其已建立了相对清晰的并表管理体系、组织架构和管理制度。但总体而言，我国银行集团的并表管理尚处于初步管理阶段，并表管理架构尚不清晰，制度和政策尚未实质性覆盖全部附属机构，一些关键的业务和风险控制尚不到位，并表管理的机制和技术有待改进，并表管理效果还比较有限。因此，在今后一个阶段，随着综合经营的广度和深度不断拓展，银行集团应在监管部门的引导和规范下，精心设计合理的公司治理、风险管理和资本管理机制，并平衡好业务协同与风险隔离之间的关系，以充分发挥集团的综合经营优势。

参考文献

一、中文部分

巴塞尔银行监管委员会：《有效银行监管核心原则》，中国银行业监督管理委员会译，中国金融出版社 2012 年版。

蔡奕：《论跨国银行并表监管的基本理论问题》，《国际经贸探索》2002 年第 2 期。

陈柳、熊波：《金融控股公司监管的比较研究及中国的选择》，《中南财经政法大学学报》2005 年第 3 期。

陈道富：《我国金融控股集团监管的若干思考》，《上海金融》2004 年第 9 期。

陈晖萌、王纳：《中外金融控股集团公司治理比较研究》，《河南金融管理干部学院学报》2008 年第 4 期。

陈璐：《银行集团的并表监管：国际经验与中国实践》，《财经科学》2008 年第 1 期。

陈兰兰：《限制金融企业集团内部交易数额研究》，《财贸研究》2004 年第 5 期。

储一昀、林起联：《合并会计报表的合并范围探悉》，《会计研究》2004 年第 1 期。

范军:《银行并表监管的理论基础和实践难点》,《海南金融》2008
　　年第 4 期。

顾晓敏、朱军勇:《我国金融集团的发展现状和监管对策》,《上
　　海金融》2005 年第 3 期。

侯雅丽:《金融控股公司的内部交易及其风险防范》,《金融理论与
　　实践》2008 年第 4 期。

姜立文、刘长才:《内生性——金融控股公司防火墙制度的法律
　　思考》,《河南金融管理干部学院学报》2008 年第 3 期。

姜建清主编:《国际商业银行监管环境与体制》, 中国金融出版社
　　2006 年版。

康华平:《商业银行综合经营及风险控制研究》, 中国金融出版社
　　2012 年版。

赖小民:《后危机时代金融控股公司模式选择研究》, 中国金融出
　　版社 2013 年版。

黎四奇:《国际视野下的中国金融集团风险管理研究》, 经济科学
　　出版社 2008 年版。

李洪:《对执行合并财务报表准则的思考》,《财会月刊》(会计版)
　　2006 年第 9 期。

李扬:《稳健的银行是金融稳定的关键》,《财经界》2004 年第 9 期。

李曜:《论金融集团主导下的金融监管组织体系设置》,《财经研
　　究》2003 年第 4 期。

李曜:《银行业和保险业之间的跨部门风险转移研究》,《国际金
　　融研究》2003 年第 6 期。

联合论坛:《金融集团监管原则》, 中国银监会政策研究局译, 中
　　国金融出版社 2013 年版。

刘春航、陈璐:《银行集团的风险并表：风险计量及评估方法》，《国际金融研究》2009 年第 2 期。

刘考场、舒杨:《银行业并表监管问题研究》，《中央财经大学学报》2008 年第 5 期。

刘宏鹏:《商业银行集团治理机制的构建与完善》，《上海金融》2005 年第 1 期。

马亚:《金融服务集团的特点及相关的监管问题》，《国际金融研究》2003 年第 8 期。

毛竹青:《银行集团风险传染防范的国际经验和启示》，《国际金融》2014 年第 9 期。

钱毅、张春煜、杨才然:《中国大型银行集团公司治理初探》，《金融论坛》2012 年第 12 期。

阮永平:《金融控股集团道德风险问题研究——基于侵害债权人利益的视角》，《财经问题研究》2011 年第 8 期。

阮永平、唐元虎、李艳:《金融控股集团监管的国际实践——美、英两国的一个比较分析》，《国际金融研究》2004 年第 8 期。

谭庆华、黄红艺:《银行集团并表管理中需要关注的若干问题》，《金融发展研究》2010 年第 8 期。

王艺明、陈浪南:《金融机构混业经营绩效的全球实证研究》，《国际金融研究》2005 年第 7 期。

王国银:《全部合并法和比例合并法会计处理的异同》，《财会月刊》2007 年第 12 期。

王蕾:《我国金融控股集团关联交易的监管对策分析》，《中国金融》2006 年第 2 期。

王兆星:《金融稳定之基石：有效公司治理——国际金融监管改

革系列谈之八》，《中国金融》2013 年第 19 期。

王兆星：《金融综合经营与分业监管变革——银行监管改革探索之五》，《中国金融》2014 年第 23 期。

夏斌等：《金融控股公司研究》，中国金融出版社 2001 年版。

谢平等：《金融控股公司的发展与监管》，中信出版社 2004 年版。

徐文彬、王大庆：《全能银行的范围经济分析》，《经济与管理研究》2006 年第 5 期。

徐为山：《创造协同效应：国际活跃银行综合经营的经验》，《国际金融研究》2008 年第 5 期。

于东智：《金融集团的公司治理：典型模式的案例分析》，《金融论坛》2005 年第 1 期。

余海丰、曲迎波：《我国金融控股集团的风险监管研究》，《金融理论与实践》2006 年第 8 期。

余保福：《金融业关联交易规制的国际比较及其启示》，《上海金融》2005 年第 10 期。

杨绮：《对合并会计报表合并范围的思考》，《财会月刊》2004 年第 11 期。

杨勇：《金融集团法律问题研究》，北京大学出版社 2004 年版。

约翰·赫尔：《风险管理与金融机构》，王勇、金燕敏译，机械工业出版社 2008 年版。

殷健敏：《我国金融控股公司监管问题浅析》，《上海金融》2006 年第 4 期。

周力扬、武康平：《跨国银行监管理论的新进展》，《世界经济研究》2007 年第 6 期。

朱民：《从管理和治理的双重角度看金融控股公司》，《国际金融研究》2004 年第 9 期。

张强、曾宪冬：《金融混业经营新趋势下设立监管"防火墙"的思考》，《金融研究》2003 年第 9 期。

朱荣、章均：《合并会计方法的国际比较及其在中国的应用》，《世界经济与政治论坛》2004 年第 6 期。

张春子、张维宸：《金融控股集团管理实务》，机械工业出版社 2010 年版。

张晓朴：《美国银行控股公司的监管实践、监管改革及其借鉴》，《国际金融研究》2009 年第 10 期。

张晓朴：《加强商业银行并表监管》，《中国金融》2014 年第 4 期。

张晓朴、陈璐、毛竹青：《银行集团的并表管理》，《中国金融》2013 年第 3 期。

赵海生：《完善公司治理是我国商业银行迈向国际一流公众持股银行集团的必由之路》，《中国外资》2011 年第 12 期。

二、英文部分

Abrams R.K. and Michael Taylor，"Issues in the Unification of Financial Sector Supervision"，IMF Working Paper No. 00/123，2000.

Andrew Kuritzkes，Til Schuermann and Scott M. Weiner，"Risk Measurement，Risk Management and Capital Adequacy in Financial Conglomerates"，The Wharton Financial Institutions Center，Working Paper，2002.

Christine M. Gumming and Beverly J. Hirtle，"The Challenges of Risk Management in Diversified Financial Companies"，FRBNY

Economic Policy Review, Mar 2001, pp. 1–17.

Edgardo Demaestri and Diego Sourrouille, "Integrated Financial Supervision: Experiences in Selected Countries", the Inter – American Development Bank, 2003.

Gabriele Stoffler, "Supervision of Financial Conglomerates", Financial Stability Report, 2004.

Harold D. Skipper and Jr.Thomas P. Bowles, "Financial Services Integration Worldwide: Promises And Pitfalls", Organisation for Economic Cooperation and Development, 2000.

Jose de Luna Martinez and Thomas A. Rose, "International Survey of Integrated Financial Sector Supervision", IMF Policy Research Working Paper, July 2003.

Jose de Luna Martinez and Thomas A. Rose, "International Survey of Integrated Financial Sector Supervision", World Bank Policy Research Working Paper 3096, July 2003.

Laeven L. and Levine R., "Is There a Diversification Discount in Financial Conglomerates", Journal of Financial Economics, Vol. 85, 2007, pp. 331–367.

Oliver, Wyman and Company, "Study on the Risk Profile and Capital Adequacy of Financial Conglomerates", February 2001.

Ronald MacDonald, "Consolidated Supervision", The Centre for Central Banking Studies, Bank of England, 1998.

Sauders A. and Walter I., Universal Banking in the United States: What Could We Gain? What Could We Lose, New York: Oxford University Press, 1994.

The Joint Forum, "Comparison of Core Principles Cross –Sectoral Comparison," November 2001.

The Joint Forum, "Compendium of Documents Produced by the Joint Forum," July 2001.

The Joint Forum, "Principles for the Supervision of Financial Conglomerates," September 2012.

The Joint Forum, "Regulatory and Market Differences: Issues and Observations," May 2006.

The Joint Forum, "Risk Management Practices and Regulatory Capital Cross–Sectoral Comparison," November 2001.

The Joint Forum, "Supervision of Financial Conglomerates," February 1999.

The Joint Forum, "Trends in Risk Integration and Aggregation," August 2003.

Xavier Freixas, Gyöngyi Lóránth and Alan D. Morrison, "Regulating Financial Conglomerates", Journal of Financial Intermediation, Vol. 2007, pp. 479–514.

索　引

后　记

　　2012 年 7 月至 2014 年 9 月，我有幸进入中国银监会博士后工作站和中国社科院金融所博士后流动站从事博士后研究工作。

　　我要衷心感谢银监会政策研究局给我提供了良好的工作平台。在这里工作，使我能够有机会参与中国金融改革前沿问题的研究，如利率市场化改革、金融机构综合经营、银行业对外开放等课题的研究。王兆星副主席、刘春航主任、李文红副主任、张晓朴副主任等银监会领导们对于我国金融监管事业的奉献精神、丰富的理论与实践知识、一丝不苟的工作态度，都深深地影响着我，并给我的工作和事业带来启发。

　　衷心感谢社科院金融所给我提供了广阔的学习平台。社科院是我国社会科学研究的最高学术机构，在金融所学习，使我能够随时参与金融所主办的各项学术论坛、讲座，接触不同领域的金融前沿问题。社科院的李扬副院长、金融所胡滨副所长等渊博的学识态度、严谨的治学态度，都激励着我以最大的热情投入金融问题的研究之中。

　　衷心感谢我的两位导师——社科院李扬老师和银监会张晓朴老师一直以来对我的悉心指导和关心帮助。李扬老师是我国金融界的学术权威，工作十分繁忙，但仍尽可能抽出时间对我进行指导。每次接触，我都能感受到他深厚的学术造诣、严谨的治学态度和平易近人的性格。晓朴老师是两届"孙冶方奖"获得者，是银监会知名的学者型官员。他不仅对我在工作、研究上严格要求，而且时常与我谈心，教给我很多做人做事的道理，并为我提供很多成长锻炼的机会。

最后，我还要感谢所有关心和帮助我的领导、同事和亲友，他们的帮助和支持是我努力前行的最大动力。

毛竹青

2015 年 10 月